OS TEXTOS TRADICIONAIS NA AULA DE PORTUGUÊS: OS PROVÉRBIOS

LEONOR JESUS MARCOS DE MELO

OS TEXTOS TRADICIONAIS NA AULA DE PORTUGUÊS: OS PROVÉRBIOS

ALMEDINA

TÍTULO:	OS TEXTOS TRADICIONAIS NA AULA DE PORTUGUÊS: OS PROVÉRBIOS
COORDENAÇÃO:	LEONOR JESUS MARCOS DE MELO
EDITOR:	LIVRARIA ALMEDINA – COIMBRA www.almedina.net
LIVRARIAS:	LIVRARIA ALMEDINA ARCO DE ALMEDINA, 15 TELEF. 239 851 900 FAX 239 851 901 3004-509 COIMBRA – PORTUGAL livraria@almedina.net LIVRARIA ALMEDINA – PORTO R. DE CEUTA, 79 TELEF. 22 205 9773 FAX 22 203 9497 4050-191 PORTO – PORTUGAL porto@almedina.net EDIÇÕES GLOBO, LDA. R. S. FILIPE NERY, 37-A (AO RATO) TELEF. 213857619 FAX 21 3844661 1250-225 LISBOA – PORTUGAL globo@almedina.net LIVRARIA ALMEDINA. ATRIUM SALDANHA LOJAS 71 a 74 PRAÇA DUQUE DE SALDANHA, 1 TELEF. 213712690 atrium@almedina.net LIVRARIA ALMEDINA – BRAGA CAMPOS DE GUALTAR UNIVERSIDADE DO MINHO TELEF. 253678822 4700-320 BRAGA – PORTUGAL braga@almedina.net
EXECUÇÃO GRÁFICA:	G.C. – GRÁFICA DE COIMBRA, LDA. PALHEIRA – ASSAFARGE 3001-453 COIMBRA E-mail: producao@graficadecoimbra.pt AGOSTO, 2002
DEPÓSITO LEGAL:	182838/02
	Toda a reprodução desta obra, por fotocópia ou outro qualquer processo, sem prévia autorização escrita do Editor, é ilícita e passível de procedimento judicial contra o infractor.

VOX POPULI, VOX DEI[1]

Vozes do povo, de quem serão?
Quem lhes deu corpo? Quem deu expressão
quase dogmática
– ora singela, ora enigmática –
à sua linguagem,
numas grosseira,
noutras subtil;
nestas, oriunda de alta linhagem,
naquelas, vinda de origem vil?

Vozes do povo, serão de quem?
Tal qual no auto
do grande Gil.
De Todo o Mundo… e de Ninguém!
E quer nos lembrem o agudo Plauto
quer nos recordem o bom Platão
muitas igualam
os doutos juizos de Salomão
e, assim como este, julgam e falam.

Vozes do povo, que vozes são?
Sejam sisudas, sejam burlescas
são dicções breves e pitorescas
que, em frases feitas, cristalizadas
desde idos tempos, correm espalhadas,
de boca em boca, por más e boas
bocas do mundo.
Razoar de coisas e de pessoas,
ligeiro agora, logo profundo!
São os logares selectos, uns,
outros, comuns
de tam vulgares e repetidos

---

[1] CUNHA, Alfredo; in prefácio ao *Rifoneiro Português*, de Pedro Chaves, Porto: Editorial Domingos Barreira, 1928, p.13.

que andam nos lábios
e nos ouvidos
de toda a gente – néscios e sábios.

Ditos dispersos, que posto achásseis
versificados
em rimas fáceis,
em metros pobres,
– embora, às vezes, de pés quebrados, –
melhor conseguem suster-se em pé
que outros de engenhos raros e nobres.
Visto que até,
obras sublimes, de estros gloriosos
hão de mais prestes cair no olvido
que esses dizeres – em estilo poído
de língua arcaica – sengos e diosos!

Vozes do povo! É bem sabido
que, se umas tomam como argumento
motejo frívolo e comezinho
ao qual revestem, como indumento,
de tom escarninho,
outras dir-se-iam na transcendência
dos pensamentos,
rasgos de génio, teses de ciência,
brônzeas, solenes e lapidares
como legendas de monumentos.

Prístinas vozes que vêm de antanho!
Quantas, na ideia, bem singulares.
Quantas, na letra, de teor estranho,
se nos figuram
como de estirpe mais do que humana!

Vox Dei lhes chamam… E assim perduram
por toda a idade,
qual verbo eterno que do alto emana
nos imperiosos decretos seus,
para escarmento da humanidade!
Vozes do povo… Vozes de Deus!

À Eva
À Lia
Ao Luís

PREFÁCIO

0. Enquadramento do trabalho

O trabalho aqui apresentado é a versão, apenas ligeiramente modificada, da Dissertação de Mestrado defendida na UTAD (Universidade de Trás-os-Montes e Alto Douro) no ano 2001 e integra-se num projecto mais amplo que visa fazer o levantamento do património linguístico ainda presente na vida quotidiana de uma boa parte da população portuguesa. O Projecto conta já com duas Dissertações na mesma área («Os adágios na vida e na língua de uma zona protegida: Serra de Montezinhos» e «A mulher vista à luz dos provérbios») e, numa outra perspectiva, «Os provérbios na narrativa de José Saramago»: os dois primeiros títulos já feitos e apresentados, o último, ainda em elaboração, será Dissertação de Doutoramento. Este projecto está actualmente a ser continuado pelo aproveitamento do que comumente designamos por expressões idiomáticas (e, mais propriamente, as fraseologias), procurando ainda tirar partido da situação privilegiada de falantes onde o espaço discursivo normal se alimenta da convivência entre o mundo rural e o mundo citadino. O envolvimento deste Projecto tem vindo a ser delineado em pequenos estudos agora reunidos em «Metáforas do nosso tempo» (Vilela 2002).

Esta publicação tem como pano de fundo uma Escola situada na periferia de uma cidade de província – Vila Real –, onde a cidade e o campo estão bem presentes: os exemplos, os textos, as práticas e os excursos dão disso testemunho. Começa por uma breve caracterização do texto proverbial, segue depois para um levantamento do papel dos provérbios na vida e na língua da população circundante da Escola onde a autora lecciona e termina com propostas de percursos didácticos concretos: propostas testadas nas salas da sua Escola. A nossa intenção, ao publicarmos este trabalho, foi a de impedir que reflexões simples e claras ou práticas pedagógicas bem conseguidas ficassem a ganhar pó nas prateleiras dos Departamentos. Pretendemos agora fazer algumas reflexões, para alargarmos um pouco mais o mundo envolvido nos provérbios.

1. Os provérbios não são "designadores rígidos"

Costuma dizer-se que os provérbios são blocos linguísticos (sintáctica e semanticamente) congelados, aplicando-se também aqui o que Hemingway afirma a propósito da "história":

«Uma risca a menos não altera a pele do tigre, mas uma palavra a mais mata qualquer história» (cit. in: Sepúlveda 2001: 105)

Os provérbios são efectivamente expressões ou fórmulas congeladas: mas isto equivalerá a dizer que há necessariamente um congelamento? Devido ao facto de a enunciação de uma fórmula proverbial ser uma evocação ecóica, permite variações do mais variado género, desde as que se centram no aspecto meramente formal até às que implicam uma substituição clara:

«Maria das Mercês, lá do alto da varanda, não quis saber de explicações. Cortou o mal pela raiz: «E de agora em diante, Domingos, deixas de ir esperar o senhor Engenheiro.» O criado baixou a cabeça. Orgulhoso, tinha-lhe chamado o Padre Novo, e não exagerara. Mas *quem não se sente não é boa gente*, diria Tomás Manuel..» (Cardoso Pires 1968: 289) (o itálico é meu)

ou

«Venha cá, Domingos. Deite-se aí,» assopra, cheio de ódio, o Batedor; mas não se atreve a tocar-lhe, ai dele. Tocar-lhe só Engenheiro, e, para que não se duvide, a sentença está lavrada a páginas tantas do meu caderno: *«Quem me trata mal os criados é porque não me pode tratar mal a mim».*

O autor acrescenta em roda-pé: «Seguida da variante popular»: *«Quem não pode com o patrão vinga-se no cão»* (Cardoso Pires 1968: 288).

Há sempre a possibilidade de variações, que conservam inalterável o seu valor (de língua) na memória colectiva (correspondente à "implicatura convencional"), mas os provérbios estão sempre disponíveis para, de acordo com as "implicaturas conversacionais", as adptarmos, através da desmotivação e nova remotivação. Isto é, os provérbios não são designadores rígidos, pois não designam sempre um mesmo conteúdo em todos os mundos possíveis[2]. Ou, numa outra formulação, o provérbio não constitui

---

[2] «un désignateur rigide est un terme d'une phrase donnée qui réfère au même individu dans tous les mondes possibles où ce terme désigne» (Anscombre 2001: 58 n. 3). Esta caracterização apoia-se em Kripke (1981).

uma «frase eterna»[3]. O significado de um provérbio é uma sequência aberta de frases / enunciados aceitáveis e compreensíveis pelos falantes de uma comunidade linguística, em qualquer situação possível. Os espaços discursivos estereotípicos destes provérbios prevêem os mais diversos contextos ou situações em que os provérbios possam ser usados. Embora haja para cada um dos provérbios contextos prototípicos – os contextos mais claramente incorporados no seu enunciado –, contudo, as situações – as chamadas situações estereotípicas – constituem uma lista aberta. Isto é, o estereótipo do provérbio – portanto, tudo o que ele pode significar – representa o conjunto de traços convencionalmente ligados a esse provérbio.

Tenha-se em conta que os enunciados presentes nos provérbios não são propriamente enunciados: são enunciados mais evocados do que produzidos, e são evocados para demonstrar algo. A sua produção em si e só por si constituiria um disparate, um anacronismo: o importante é o que ele evoca ou convoca, implícita e explícita. Imagine-se o que pensam os falantes citadinos se ouvem: «candeia que vai à frente, alumia duas vezes» ou «o primeiro milho é dos pardais». Usar o provérbio é evocar o feixe de traços (tópicos, esquemas) a ele ligados. A língua é essencialmente orientada para a acção: não informa, argumenta, persuade, convence, distrai. Tanto é assim, que os provérbios, em textos concretos, surgem normalmente em posições-chave na argumentação, na parte final, como em:

> «Conheces a Pazinha Soares?» «Quem?», pergunto.«A Maria da Paz Soares. Uma que escreve. Todos os anos publica um livro de poemas e todos os anos muda de amante que é para manter os cornos do marido em forma. É público, não há quem não saiba». Agarro-me ao nome: «Maria da Paz...» «Conheces com certeza. Não há ninguém que não conheça essa cabra.» Um momento: é aqui que Tomás Manuel irá jogar um dos seus pensamentos favoritos, o da cabra e da rédea curta.» «Poesia de cama», continua ele, «estás-me a perceber? Poesia para essas literatas das faculdades. Por isso é que se eu tivesse uma filha havia de ser feita para casar. Não acreditas? Olá. E ai dela se pussesse os cornos ao marido, que era o mesmo que mos pôr a mim. Positivamente. *Para a cabra e para a mulher, corda curta é que se quer.*» (Cardoso Pires 1968: 111-112) [o itálico é meu]

---

[3] «Uma frase [é] uma frase eterna, se, utilizada literalmente, exprime a mesma proposição dentro de qualquer contexto.» (Sperber / Wilson 200: 289). Apoiam-se em Quine (1960: 193).

ou fornece um tema que se arrasta discursivamente:

> «Ah, hospedeira, que por vezes chego a pensar que é o doutor Agostinho Saraiva quem fala por detrás dessa boca de pétalas. Só ele criticaria assim os camponeses que abandonam a terra e os rapazes que vestem blusões de plástico e vão para o café ver televisão. «Luxo e desgoverno...» *«Quando o pobre come galinha* ....» [it. do autor] Duma quelha que dá para a estrada sai uma velhota a perseguir uma galinha. «Piu-piu...», vai chamando, como se trouxesse no avental algum milho para lhe oferecer. Mas o animal não se comove e, de cabecita a dar a dar, passo alertado, entra em campo aberto, no terreiro. *Quando o pobre come galinha*, diz o ditado, não há luxo nem desgoverno: *um dos dois está doente*. [it. do autor] A galinha não se deixa agarrar porque não se sente ainda doente. E a velhota, estará?» (Cardoso Pires 1968: 59)

Os provérbios – de que os utilizadores não são os autores, mas apenas usuários – são tópicos, lugares comuns válidos como proposições genéricas arrastados para uma conclusão utilitária. São blocos semânticos com que o falante joga para «levar água ao seu moinho». Pode ser contrariado:

> «Essa conversa de que *o crime não compensa* também é uma boa anedota,» diz ele. Boceja largamente.... Põe-se de pé: «Deve ter havido milhões de crimes altamente compensadores» ... «... mostrar-lhe que pode *haver crimes perfeitos* é o fim» (Cardoso Pires 1968: 249) [os itálicos são meus][4]

São os provérbios a falarem uns com os outros[5]: repetindo-se, explicando-se, contraditando-se, completando-se ou mesmo ignorando-se. Parece-me que, na enunciação dos provérbios, mais do que o significado codificado linguisticamente, é importante o significado inferido.

---

[4] Este exemplo não constitui um provérbio, mas sim uma máxima: mas, em termos discursivos, funcionam da mesma maneira.

[5] Acontece com os provérbios o que acontece com os livros nas bibliotecas: repetem-se uns aos outros, influenciam-se mutuamente, inter-explicam-se («Até então tinha pensado que cada livro falava das coisas, humanas ou divinas, que estão fora dos livros. Agora apercebia-me que, não raro, os livros falam dos livros, ou melhor, é como se falassem entre si.» (Umberto Eco 2002: 269).

2. O significado codificado e o significado inferido nos provérbios

O provérbio contém efectivamente um significado linguístico codificado: o valor invariante que reside na memória colectiva de uma dada comunidade linguística. Assim, quando ouvimos «candeia que vai à frente alumia duas vezes», «vale mais quem Deus ajuda do que quem muito madruga» ou «o primeiro milho é dos pardais», entendemos (no meio rural entendem) o valor literal dos respectivos enunciados. Mas este significado é apenas um dos elementos do processo de compreensão. Há outros dados, também fundamentais, que vêm engrossar o significado linguístico: o contexto (ou suposições contextuais)[6]. Se em qualquer segmento da comunicação é importante conhecer a intenção do falante, na comunicação em que intervenham provérbios, as intenções de quem os usa são fundamentais: «as intenções não são descodificadas, mas inferidas» (Wilson 2001: 8).

O provérbio como enunciado tem uma representação semântica na implicatura convencional como que uma espécie de núcleo comum de signifcado que é partilhado por todas as elocuções que se baseiam nele. Mas as diferentes elocuções representadas pelo mesmo enunciado variam normalmente: há implícitos contextuais e situacionais, o conjunto de suposições que o falante e o ouvinte têm do mundo num dado momento muito concreto: o do acto de fala. São estas suposições que afectam neste caso a interpretação dos provérbios, afectando o que convencionalmente os provérbios significam. O "significado" é definido por Grice em termos de intenções da pessoa que comunica[7], o que faz com que haja algo conhe-

---

[6] «o significado codificado linguisticamente é apenas uma das entradas (input) no processo da compreensão. Uma outra entrada de dados fundamental é constituída pelas suposições contextuais do ouvinte que poderão enriquecer de uma variedade de maneiras o significado linguisticamente codificado» (Wilson 2001: 8).

[7] Grice estabelece o princípio cooperativo e as máximas conversacionais. O princípio cooperativo está formulado do seguinte modo:

> faz a tua contribuição conversacional, tal como é requerida, na frase em que ocorre, seguindo a finalidade aceite ou a direcção da troca conversacional em que estás a tomar parte (cfr. Grice 1975: 73).

Este princípio é desenvolvido pelas chamadas máximas a que chama máximas onvencionais:

máximas da quantidade:
    1) faz com que a tua contribuição seja tão informativa quanto é requerido
    2) não tornes a tua contribuição mais informativa do que é requerido
máximas da qualidade:
    1) não digas aquilo que crês ser falso

14   *Os textos tradicionais na aula de português: os provérbios*

cido ou suposto ultrapassando em muito o que o texto proverbial manifesta[8]. No ambiente cognitivo disponibilizado para interpretar textos há determinadas informações: consideremos os provérbios (e cada um deles) como que uma espécie de "endereço conceptual". Neste endereço há a *informação lógica* (ou regras lógicas de dedução ou outras mais complexas), a *informação enciclopédica* (ou informações sobre a denotação de objectos, acontecimentos, propriedades que estão por detrás do linguístco) e *informações lexicais* ou linguísticas (sobre as palavras ou expressões que lexicalizam esse conteúdo) (cfr. Sperber /Wilson 2001: 144-146).

A propósito da informação enciclopédica armazenada num dado "endereço" conceptual vêm sendo apresentados vários modelos de organização, sobre a sua estrutura, sobre a relação entre as várias informações (ou entradas informativas), envolvendo noções como *esquema*, *frame*, *protótipo*, *estereótipo*, *scripts* (ou rotinas mentais, roteiros)[9]. Torna-se claro que o mundo extralinguístico (ou informações enciclopédicas) está organizado na memória de longo prazo por categorias mais ou menos homogéneas, segmentando o nosso conhecimento do mundo em "esquemas", "quadros", "cenários", "protótipos", cabendo possivelmente tudo dentro do que chamamos "estereótipo"[10]. Mas além da informação de longo prazo armazenada com que os falantes entram no discurso, eles trazem também informações de curto prazo, a memória está povoada de informações que o discurso não codifica explicitamente: aqui situa-se a

---

        2) não digas aquilo para que te faltam dados
máximas de relação:
        1) Sê relevante
máximas de modo:
        1) evita a obscuridade de expressão
        2) evita a ambiguidade
        3) sê breve
        4) sê ordenado (Sperber/Wilson 2001: 72).

     Grice dá o nome de implicaturas às suposições e às conclusões ... fornecidas a fim de preservarem a aplicação do princípio da cooperação e das máximas (Cfr. Sperber / Wilson 2001: 63-75).

     [8] Podemos chamar a esse conjunto de elementos o "ambiente cognitivo" do texto enunciado (cfr. (Sperber/Wilson 2001: 80-81).

     [9] «As entradas lógicas são conjuntos de regras de dedução: ou seja, operações formais feitas sob formas lógicas; as entradas enciclopédicas são conjuntos de suposições: isto é, representações com formas lógicas, e as entradas lexicais sáo representações com formas linguísticas» (Sperber / Wilson 2001: 153).

     [10] Cfr. Sperber / Wilson 2001: 215.

implicatura de Grice[11]. Isto é, devemos distinguir entre o conteúdo explícito e o implícito de uma elocução. Para Grice a recuperação do conteúdo explícito de uma elocução equivale aparentemente à recuperação daquilo a que chamaríamos a forma proposicional e a atitude proposicional expressa: qualquer outra suposição comunicada pela elocução, quer seja descodificada, quer inferida, é uma implicatura. As implicaturas descodificadas são aquelas a que ele chama "implicaturas convencionais"; as implicaturas inferidas são "não convencionais", sendo as mais conhecidas as chamadas "implicaturas conversacionais[12]. Contexto, situação, universo de discurso, tudo está incluído nas implicaturas.

3. Provérbios como locuções ecóicas

Vimos que os provérbios são locuções ecóicas: são o "eco" de blocos semânticos incorporados em expressões que sobreviveram e se aninharam na memória de longo prazo de uma comunidade linguística. E ninguém vai usar de mente vazia um provérbio: o curto prazo de cada falante também contém informações. Cita-se a sabedoria tradicional, considerando-a sábia e esclarecedora nessa circunstância. Mas este conteúdo pode ser olhado com cepticismo, com aprovação, com reprovação. Inclusive o falante pode exprimir a sua própria atitude relativamente ao pensamento ecóico. Assim, surgem constantemente nas expressões proverbiais, além da metáfora e das figuras próximas (em que o falante diz literalmente uma coisa mas a sua intenção escolhe uma leitura alternativa[13]), outras figuras, como, por exemplo, a ironia, um tipo de elocução em que o falante

---

[11] Sperber / Wilson (2001: 274) distinguem o explítico e o explícito do seguinte modo: «Por analogia com "implicatura" chamaremos a uma suposição comunicada explicitamente uma *explicatura*. Qualquer suposição comunicada, mas não explicitamente, é comunicada implicitamente: é uma *implicatura*.»

[12] Cfr. Sperber / Wilson 2001: 275.

[13] Na metáfora usa-se um domínio (o chamado veículo) para representar outro diferente, em que, portanto, a expressão é usada com um valor diferente do do seu valor literal. Veja-se o caso de:

«A partir daqui o Velho não tem bandeira. Entrou num *discurso tortuoso*, carregado de *meias palavras*....» (Cardoso Pires 1968: 30.

Na metonímia acontece o mesmo:

«Ora, se algum pecado se podia apontar ao Engenheiro, era ser leviano em demasia e *andar*, como diz o outro, *sempre atrás de saias*» (Cardoso Pires 1968: 48) [os itálicos são meus].

16 Os textos tradicionais na aula de português: os provérbios

rejeita, desaprova, dissociando-se clara e intencionalmente do codificado. Em qualquer dos casos, temos implicatura e é isto que constitui o que designamos por força ilocutória (nos chamados actos de fala).

Efectivamente, nós inventamos as palavras já inventadas[14], recebemos as palavras herdadas que viajaram de longe e ainda estão em viagem[15], passando de moda ou tornando-se sempre de cada vez moda (à sua maneira), aceitando expansões, acrescentos, truncações, ao contrário das suas almas gémeas (as expressões idiomáticas), dificilmente aceitando tornar-se material descartável, porque sempre prontas a ser recicladas. As variações e o eco podem reciclar moldes (frames) formais: a rima, o ritmo, a ironia são suficiente para criar portais. Vejamos criações em moldes formais de provérbios (cabeça-cauda) do género:

A melhor obrigação, na bolsa tem cotação
A coisa pouco concreta, acrescenta-lhe etecétera
Banco com juro menos ruim, ainda é o do jardim
Armas a esparrela, cuidado não caias nela (Lourenço 2000)

Ou provérbios que são eco formal e conteudístico dos autênticos provérbios, porque sua ressonância:

A mulher e a sardinha, tanto faz a grande como a pequenina
Cântaro que muito vai á bica, um dia lá fica
Num mar de rosas, fiquem certinhos, não faltariam espinhos[16] (Lourenço 2000)

Ou apenas eco do conteúdo:

Notícia de pobre em jornal, ou ganhou o totoloto, ou a coisa deu para o torto[17] (Lourenço 2000)

Torna-se evidente que os "cenários", os "scripts" dos provérbios são comuns a todos os falantes: desde os alunos da escola Monsenhor Jerónimo

---

[14] «Nós não somos do século de inventar palavras. As palavras já foram inventadas. Nós somos do século de inventar outra vez as palavras já inventadas» (Almada Negreiros 1993: 20).

[15] «As palavras têm moda. Quando acaba a moda para umas começa a moda para outras. As que se vão embora voltam depois. Voltam sempre, e mudadas de cada vez. De cada vez mais viajadas.» (Almada Negreiros 1993: 19).

[16] Não temos necessidade de repor o enunciado "standard".

[17] Nitidamente eco de «quando o pobre come galinha um dos dois está doente».

Amaral (Mateus – Vila Real) e seus familiares aos comentadores televisivos melhor falantes de alguns dos espaços "nobres" nos espaços públicos do "serviço público".

Tendo em consideração que a língua é uma criatura do homem, mas também a língua, uma vez criada, recria e fabrica o seu criador, modelando o seu pensamento, fornecendo portais e paradigmas para se abrir ao mundo, urge estudar e compreender as intimidades da língua que criámos, sabendo de antemão que as palavras – embora surjam distribuídas a esmo nos dicionários – dialogam entre si, complementam-se, digladiam-se, apoiam-se e servem de apoio a quem souber usá-las. A língua não se reduz a um veículo de informações neutras: as coisas, os acontecimentos, os seres e os pensamentos, as atitudes e os comportamentos só podem vir à tona através das palavras. O território das palavras é o ponto de partida para nos identificarmos e identificarmos: é daí que brota o "eu", o "nós" e os "outros".

BIBLIOGRAFIA:

Afonso, Elisete 2000 – *Os adágios na vida e na língua de uma zona protegida: Serra de Montezinhos. Perspectivação sociolinguística*, Dissertação de Mestrado, Vila Real: UTAD.

Almada Negreiros 1993 – *A invenção do dia claro*, 2ª ed., Sintra: Colares Editora.

Anscombre, J. C. 2001 – «Le rôle du lexique dans la théorie des stéréotypes», *Langages* 142 (2001): 57-76.

Cole, P. / Morgan, J. (orgs.) 1975 – *Syntax and semantics. 9: Pragmatics*, Academic Press, N.Y.

Cole, P. (org.) 1981 – *Radical pragmatics*, Academic Press, N.Y.

Eco, Umberto 2002 – *O nome da rosa*, Lisboa (Biblioteca S.L. , colecção mil folhas *Público*).

Grice, H. P. 1969 – «Utterer's meaning and intentions», in: *Philosophical Review*, 78: 147--177.

Grice, H. P. 1975 – «Logic and conversation», in: Cole / Morgan 1975: 41-58.

Grice, H. P.1981 – «Presupposition and conversational implicature», in: Cole 1981: 183-198.

Kripke, Saul 1981 (1972) – *Naming and Necessity*,Cambridge, Mass.: Harvard University

Lourenço, Tomás 2000 – *Provérbios pós-modernos*, Lisboa: Âncora Editora.

Neves, Teresa 2001 – *A mulher vista à luz dos provérbios de língua portuguesa*, Dissertação de Mestrado, Vila Real: UTAD.

Putnam, Hilary 1975 – «The meaning of 'Meaning'», *Philosophical Papers*, vol. 2, Cambridge Univ. Press, 215-271.

Putnam, Hilary 1990 – *Représentation et réalité*, Coll. NRF Essais, Paris: Gallimard.

Sepúlveda, Luís 2001 – *As rosas de Atacama*, 3ª ed., Porto: Asa.

Sperber, Dan / Wilson, Deirdre 2001 (1995) – *Relevância: comunicação e cognição*, Trad. Helen dos Santos Alves, Lisboa: Fundação Calouste Gulbenkian.

Vilela, Mário 2002 – *Metáforas do nosso tempo*, Coimbra: Almedina.

Wilson, Deirdre 2001 – «Prefácio à tradução portuguesa», in: Sperber, Dan / Wilson, Deirdre 2001, pp. 7-18.

Pedrouços, 2002-06-11

Mário Vilela

INTRODUÇÃO

Pretendemos, com este estudo, encontrar caminhos para a preservação, revitalização, difusão e registo de produções do património literário oral, por forma a evitar o risco do seu desaparecimento ou descaracterização e, por outro lado, procurar saber como aproveitar esse património na formação e enriquecimento cultural dos nossos alunos.

Esta matéria tão complexa mereceria um estudo interdisciplinar que incorporasse as áreas da sociologia, da filosofia, da etnografia, da história, da antropologia, da literatura, da linguística, e outras. Seria o conjunto dessas componentes que levaria a um completo desdobrar da nossa cultura popular.

Sem menosprezar essas áreas, mas porque os nossos domínios se inscrevem no plano linguístico, tomaremos como objecto de estudo um sector da chamada literatura oral – o provérbio – e tão só nos seus aspectos ligados ao ensino.

A motivação deste trabalho resultou da orientação fornecida pelo Professor Mário Vilela, durante os seminários dedicados ao estudo do texto proverbial, que em muito contribuíram para despertar em nós o desvelo que nos deve merecer este imenso território do nosso idioma. Ao passar de boca em boca, os provérbios oferecem-nos uma riqueza de matizes em que vamos apreendendo facilmente os contornos de modelos tidos como ideais. Esses traços singulares da nossa cultura, que tanto tocam o picaresco como a ironia fina, repercutem também o património mundial, entrecruzando a singularidade do pensar português com o sentir e o pensar dos problemas universais, com mesclas de sebastianismo e racionalismo, messianismo e descrença. Os provérbios são o repositório de crenças e mitos, de sonhos e realidades, dos caminhos percorridos e de previsões de caminhos a percorrer. São a experiência do passado a projectar-se constantemente no presente.

António José Saraiva e Óscar Lopes, caracterizando os Cancioneiros primitivos, referem que «nas civilizações do passado, a mais corrente forma de comunicação e de transmissão da obra literária não é escrita, mas oral» e acrescentam que «vestígios desta literatura oral são ainda hoje os provérbios que, como facilmente se verifica, obedecem a ritmos ou recorrências fónicas de fácil fixação»[18]. Efectivamente, a literatura oral precedeu a escrita. Por definição, o património de conhecimentos era inteiramente confiado à memória e transmitia-se oralmente. Os mais velhos eram os maiores depositários do saber e os seus intermediários para as novas gerações. São várias e significativas as produções literárias escritas, como por exemplo a *Bíblia*, a *Odisseia*, a *Ilíada*, resultantes da oralidade, situação em que permaneceram durante séculos. O estilo destas obras mantém, portanto, as características da poesia oral, podendo ser classificadas como algumas das melhores obras de qualquer literatura.

Desde a Idade Média, numa sociedade em que poucos sabiam ler, os contos populares eram uma das formas privilegiadas de distracção. Outros géneros tipicamente medievais eram os romances de cavalaria, que encantavam as audiências pelo seu ambiente espectacular e pelo seu papel moralizante; os relatos de viagens, que despertavam também interesse pela descrição de ambientes maravilhosos e inesperados; os exemplários, que despertavam no ouvinte o desejo de perfeição; as fábulas, que ilustravam os valores morais dos seres humanos, através dos animais; a literatura de cordel, que transformou as narrativas populares de transmissão oral em escrita. Isto só para mencionar apenas alguns géneros.

Actualmente, com as modificações dos modos de vida e das relações familiares desapareceram os serões à lareira, momentos mágicos, tão convidativos à prática da transmissão cultural oral e do convívio, dando lugar ao isolamento. Cabe agora à escola a função de instruir divertindo, com pedaços de magia desta literatura de expressão oral de que fazem parte contos, lendas, fábulas, canções, adivinhas, anedotas, trava-línguas, lengalengas, pregões, provérbios, etc.

Uma vez que o horizonte desta cultura é tão extenso, tal como referimos anteriormente, tentaremos limitar o nosso objecto de estudo a uma das suas variadas formas, os provérbios, essa fonte de um saber anterior e de costumes e modos de vida que pertencem à memória colectiva e conseguiram sobreviver e atravessar gerações. Estas pequenas fatias de sabedoria, cujas origens se perderam no tempo, aparecem nos mais variados contextos de comunicação, sempre prontas para serem usadas nas mais diversas situações. Umas vezes revestem-se de um valor argumentativo inquestionável, porque «ditados velhos são evangelhos»; outras vezes vestem a roupagem de bons conselheiros: «nunca faças nada sem consultar a almofada»; outras vezes ditam sentenças incontestáveis: «mulher que

---

[18] SARAIVA, António José; LOPES, Óscar, *História da Literatura Portuguesa*, Porto: Porto Editora, 12ª ed., p. 45.

Introdução 21

dá no homem, na terra do demo morre»; outras ainda surgem como condimentos sarcásticos: «homem com fala de mulher nem o diabo o quer».

A matéria pareceu-nos curiosa, actual e digna de atenção. São muitos os autores que lhe dedicaram o seu labor e o seu olhar investigador. Pretendendo apenas apontar alguns marcos miliários nessa tarefa, vamos referir alguns nomes e títulos. Já no séc.XVII (1651), António Delicado escreveu *Adágios portuguezes reduzidos a lugares-comuns* (em 1923 surgiu a nova edição, revista e prefaciada por Luís Chaves). Mais tarde, Ladislau Batalha, em 1928 publicou *História Geral dos Adágios Portugueses*. Por seu lado, em 1928, Pedro Chaves produziu *Rifoneiro Português*. Em 1936, Jaime Rebelo Hespanha escreveu *Dicionário de Máximas, Adágios e Provérbios*. De 1945 a 1953, Armando Cortes-Rodrigues «Adagiário Popular Açoriano», em *Insulana*. Em 1960, A. Coutinho Lanhoso publicou *Rifoneiro do Mar*. Pela mesma data (1960), Vítor M. Santos publicou *Adagiário transtagano*. Em 1996, José Alves Reis publicou *Provérbios e Ditos Populares*. No mesmo ano, A. Ferreira editou *1001 Provérbios Adágios e Ditos Populares*. Em 1997, António Maia da Rocha traduziu e apresentou *Os Provérbios de Salomão*. No mesmo ano, António Moreira publicou *Provérbios Portugueses*. José Pedro Machado reeditou (2ª edição) *O Grande Livro dos Provérbios*, no ano de 1998.

Como vemos, o tema não constitui novidade na história das nossas letras. Estes são apenas alguns exemplos que nos permitem afirmar que houve, e há, actualmente, uma série de interessados que se dedicaram, e dedicam à recolha de provérbios. Mas, compartilhamos da preocupação que Cláudia Sousa Pereira[19] manifesta, quando revela um certo cepticismo a propósito da recolha de textos da literatura tradicional popular de expressão e transmissão oral:

> (...) estas obras, estudos, análises, exemplos, esqueceram o destino do próprio texto tradicional. (...) Mas se são cada vez menos as bocas por onde eles passam, cada vez menos o tempo para os repetir e ritualizar reactualizando, se há cada vez menos espaço para eles na memória humana, será o texto fixado por escrito a sua única salvação em termos de continuidade da tradição do texto?

No nosso entender, a Escola, como veículo de transmissão de saberes e de valores culturais, tem uma grande responsabilidade em manter aceso esse legado da nossa memória colectiva. Fica assim o professor a assumir

---

[19] PEREIRA, Cláudia Sousa, "Literatura Tradicional Oral: Letra ou Voz", in *ANAIS da UTAD*, Vila Real: Universidade de Trás-os-Montes e Alto Douro, 1991, p. 254.

o papel de guardião dessa herança, levando pela sua mão as crianças a (re)descobrir essa cultura quase esquecida.

Perante um tema tão vasto, que admite abordagens diversificadas sem se esgotar o seu valor, propomo-nos fazer uma análise sobre esta matéria, que se inscreve num contexto geral do ensino, particularmente da Língua Materna.

Assim, os objectivos que nos propomos atingir com este trabalho são:

i) contribuir para a preservação e revitalização do texto proverbial, enquanto elemento de identificação cultural;

ii) mostrar em que medida os provérbios veiculam a cosmovisão do povo português;

iii) provar o valor do texto proverbial, no contexto multicultural da sociedade e, concretamente, da escola actual;

iv) inferir da importância do estabelecimento de uma identidade cultural no desenvolvimento das competências sociais e pessoais das crianças e jovens;

v) encorajar o tratamento do provérbio, no contexto escolar.

Uma vez apresentadas as motivações que nos estimularam a realizar este estudo e expostas as considerações preliminares à volta da literatura oral, em que se integra o texto proverbial, resta-nos agora definir a estrutura do trabalho: procuraremos, de início, definir o conceito de provérbio, apontando os seus traços característicos, nomeadamente propriedades extra-linguísticas, funcionais, estruturais e semântico-pragmáticas. Analisaremos os provérbios numa perspectiva semiótica, demonstrando em que medida eles nos dão a visão do mundo da nossa colectividade. Tentaremos reflectir sobre as estreitas relações entre o ensino da língua e da cultura portuguesas, e em que grau ambas nos podem abrir caminhos para o conhecimento e respeito pela interculturalidade, através da abordagem do texto proverbial. Analisaremos o conteúdo de alguns documentos, nomeadamente a Lei de Bases do Sistema Educativo (LBSE), o Programa de Língua Portuguesa e alguns manuais de 2.º Ciclo, da mesma disciplina, no que se relaciona com o tema em estudo. Para terminar, propomo-nos fazer uma focagem lúdico-pedagógica do texto proverbial, apontando algumas sugestões de actividades a desenvolver na escola, nomeadamente na aula de Língua Portuguesa.

I. Uma tentativa de definição de provérbio

Dada a ambiguidade do termo *provérbio*, o que nos propomos fazer, numa tentativa de precisar este conceito, é reflectir sobre algumas considerações de autores que lhe dedicaram a sua reflexão e que, no decorrer da nossa pesquisa, fomos encontrando e nos pareceram pertinentes. A Grande Enciclopédia Portuguesa e Brasileira[20] e o Dicionário Enciclopédico[21] definem genericamente o provérbio como «máxima expressa em poucas palavras e que se tornou popular: os provérbios são a voz da experiência (…) Sentença moral; adágio; ditado; anexim; rifão (…)».

Alain Rey[22], socorrendo-se de Sócrates e Platão, tenta definir o provérbio numa perspectiva histórica e refere que:

> En grec, Socrate définit la parole proverbiale des Spartiates comme «des manières de dire courtes et mémorables». Bien qu'il soit question de sagesse philosophique, dans le Protagoras de Platon, ces formules sortent de la bouche du «plus modeste des Spartiates». Ainsi, dès les origines connues de notre culture, le proverbe est vu comme une sagesse véhiculée par un usage populaire. Dès Platon et jusqu'aux modernes, c'est la «manière de dire», la forme, qui caractérise la *paronimia* grecque le *proverbium* latin, notre proverbe, le refrán espagnol, le sprichwort allemand, etc.

Don José María Sbarbi[23] parte da definição dos diversos termos que se aproximam do provérbio: «dicho», «refran» e «adagio» e completa a explicação:

> Dicho, esto es, aquella expresión sucinta de uso más ó menos comúm, casi siempre doctrinal ó sentenciosa, célebre, y por lo regu-

---

[20] GRANDE ENCICLOPÉDIA PORTUGUESA E BRASILEIRA, Lisboa – Rio de Janeiro: Editorial Enciclopédia, Volume XXIII, p. 525.

[21] DICIONÁRIO ENCICLOPÉDICO, Lisboa: Publicações Alfa, 1992, p. 978.

[22] REY, Alain, in prefácio ao *Dictionnaire de Proverbes et Dictons*, Paris: Les usuels du Robert, p. X.

[23] SBARBI, Don José María, *Monografía sobre los Refranes, Adagios y Proverbios Castellanos*, Madrid: Imprenta y Litografía de los Huérfanos, 1871, 1980, p. 13.

lar aguda, con novedad en su aplicación, antigüedad en su origen y aprobación en su uso. (…) el Dicho, ó es vulgar, ó no: si lo primero, toma el nombre de Refrán; si lo segundo, el de Adagio ó Proverbio. Entran por lo regular en el refrán, como cualidades distintivas, el chiste y la jocosidad, alguna vez la chocarrería, y no pocas el simple sonsonete; en el adagio, la madurez y gravedad propias de la moral sentenciosa; y en el proverbio, la naturalidad y sencillez peculiares al relato de algún suceso acaecido en tiempo anterior. En una palabra: el refrán es, por lo regular, festivo; el adagio, doctrinal; el proverbio, histórico.

Em consonância com esta definição de Sbarbi, Joaquin Calvo--Sotelo[24] considera que «hay que partir de la inteligencia de que refrán, proverbio y adagio, son lisa y llanamente, «dichos». Como tales «dichos» la prosa y el verso les sirven a discreción: un verso, eso sí, rudimentario – dístico, pareado o aleluya – aconsonantado o asonantado, con rimas elementales o forzadas, con ripios atroces y caprichosos».

Concretizando algo mais a este respeito, Ana Cristina Macário Lopes[25] afirma que o provérbio é:

> (…) um texto breve e sentencioso, que se transmite oralmente de geração em geração, acabando por adquirir o estatuto de texto anónimo institucionalizado. Através dos provérbios exprime-se uma determinada visão do mundo, sob a forma de supostas verdades omnitemporais que configuram regularidades induzidas por generalização empírica, consensualmente aceites pela comunidade, e veiculam-se normas de conduta socialmente consideradas exemplares.

Gabriela Funk[26], mais do que apenas definir, procura sobretudo ver a função do provérbio e, para a autora, essa função é «representar uma regra tradicional que visa qualificar de universal a visão do mundo do respectivo enunciador. Poder-se-á, assim, considerar como função central do provérbio a sua apresentação como regra universal».

---

[24] CALVO-SOTELO, Joaquin, *La Bolsa de los Refranes*, Madrid: Grupo Libro, 1992, p. 8.

[25] LOPES, Ana Cristina Macário, *Texto Proverbial Português: elementos para uma análise semântica e pragmática*, Coimbra: Faculdade de Letras da Universidade de Coimbra, 1992, pp.9-10

[26] FUNK, Maria Gabriela Cabral, *A Função do Provérbio em Português e em Alemão: análise contrastiva de um corpus de provérbios contextualizados*, Ponta Delgada: Universidade dos Açores, 1993, p. 31.

Ainda a propósito dos provérbios, a mesma autora acrescenta que[27] «o texto proverbial representa um tipo de construção reguladora arquetípica, permitindo, consequentemente, não só analisar a estrutura mental de um povo particular, mas também os mecanismos cognitivos da espécie humana em geral».

No entender de Maria Augusta Seabra Diniz[28], o provérbio é «uma forma condensada da experiência e da vivência de determinado grupo, transmitindo conhecimentos adquiridos ao longo de séculos» e que a sua reprodução «assegura a transmissão desta sabedoria às novas gerações».

Segundo E. Orbaneja y Majada[29] os provérbios podem dividir-se em duas categorias: de moral universal, que funcionam como um guia para a prática da virtude e são idênticos em todos os povos, e os particulares, cuja origem se encontra num acontecimento histórico, ou se restringe a uma aventura ou costume local.

O mesmo autor tenta distinguir provérbio de adágio quando afirma:

> Refrán, sentencia breve y familiar, proverbio, frase lacónica y sentenciosa comunmente recebida y casi siempre moral, especie de aforismo crítico doctrinal extraordinariamente popularizado y que regula la conducta que ha de observarse en determinados casos. Adagio se dice generalmente de los refranes antiguos.

António Moreira[30] define o provérbio como «uma forma condensada de saberes seculares. Na sua simplicidade aparente constitui um sistema de respostas a situações concretas, centrado na maioria das vezes num conteúdo pedagógico de ordem moral e prática.»

Segundo a opinião de Guillermo Suazo Pascual[31]

> modismos, locuciones, frases hechas, dichos se diferencian fundamentalmente por su mayor expresividad de matices frente a los refranes, proverbios, aforismos, adagios, máximas o apotegmas, que adoptan un tono más sentencioso y moralizante; pero unos e otros

---

[27] Id., Ibid., p. 267.

[28] DINIZ, Maria Augusta Seabra, *As Fadas não foram à Escola*, Porto: Edições ASA, 1994, p .65.

[29] MAJADA, E. Orbaneja, *El Saber del Pueblo o Ramilete y los Proverbios más Selectos*, Madrid: CIE Inversiones Editoriales, 1998, p. 10.

[30] MOREIRA, António, *Provérbios Portugueses*, Lisboa: Editorial Notícias, 1997, 3ª ed., p. 13.

[31] PASCUAL, Guillermo Suazo, *Abecedario de Dichos y Frases Hechas*, Madrid: Editorial Edaf, 1999, p.14.

tienen en común su origen popular, su transmisión oral y su tendencia a permanecer inalterables.

Para além destas opiniões de escritores das mais variadas sensibilidades e de diversas épocas sobre o texto proverbial (as quais consideramos muito interessantes), muitas outras poderiam ser referidas, pois, «cada cabeça, sua sentença», mas pensamos serem suficientes para apresentar o pensar geral sobre o tema. Do que fica exposto podemos constatar que há convergência nas diversas definições.

Das ideias destes autores extraímos alguns aspectos que caracterizam os provérbios. Em primeiro lugar, destaca-se o povo como o seu criador e o seu autêntico transmissor, de modo que foram as gerações passadas as responsáveis pela sua formulação e transmissão. Acolhidos e transmitidos pela comunidade, nunca perderam o valor de textos anónimos. Muitas outras características ressaltam ao longo destas definições. Repetem-se expressões como: «voz da experiência», «forma condensada de saberes seculares», «regra universal», «texto breve e sentencioso», «texto anónimo», entre outras. Estas considerações, pela sua pertinência, serão retomadas no decorrer deste trabalho.

Por agora será importante referir que é particularmente notória uma confrontação da generalidade dos estudiosos citados com uma série de termos sinónimos como: máxima, adágio, ditado, anexim, rifão, aforismo, apotegma, sentença, etc.. Esta variedade de termos utilizados para denominar o que genericamente designaremos por *provérbio* revela a ambiguidade da área em exploração e uma consequente dificuldade em delimitar as suas fronteiras. Jean-Claude Anscombre[32] salienta três características comuns a estes termos: o aspecto formulaico, o lado prescritivo e o alcance geral, universal. Ele refere o facto de sentirmos, de uma forma confusa, que estes termos não são sinónimos, apesar de não podermos sustentar essa intuição. Esta dificuldade poderá dever-se à proximidade que existe entre o tema e o homem. Pois, quanto mais próximos do homem se encontram os conceitos, mais refractários se tornam a uma rigorosa compreensão.

Seria ousado tentar aqui classificar e delimitar as fronteiras entre os termos que, como vimos, não merecem consensos. No entanto, não resistimos à tentação de alvitrar alguns comentários sobre a caracterização dos provérbios. Eles fazem parte da nossa tradição cultural, são lições de vida que não necessitam de cartilha dos mestres, pois, «não há melhor expe-

---

[32] ANSCOMBRE, Jean-Claude, "Proverbes et formes proverbiales: valeur évidentielle et argumentative", in *Langue Française – 102 – Les sources du savoir et leurs marques linguistiques*, Paris: Larousse, Mai de 1994, p. 95.

riência que a tomada em experiência alheia» e «a experiência é a mãe da ciência e a mestra da vida». Vestidos por frases mnemónicas e poéticas, porque «o saber não pesa na cabeça» e «de poeta e louco, todos temos um pouco», sugerem uma explicação do mundo. Pois, é sabido que «quem vê o seu povo, vê o mundo todo», mas «o mundo nos vê, Deus é que nos conhece, ninguém é como parece», porque «quem vê caras não vê corações» e «as aparências iludem».

Esta escola de sabedoria fornece indicações úteis e protege-nos contra os possíveis perigos que corremos, rogando: «guarde-vos Deus: da ira do senhorio, do alvoroço do povo, da moça adivinha e da mulher ladina, de pessoa assinalada, de mulher três vezes casada, de homem conflituoso, de lodos em caminho, de longa enfermidade, de médico experimentado e asno ornejado, do oficial novo e barbeiro velho, de amigo reconciliado e vento encanado, de hora minguada e de gente que não tem nada». Perante estes avisos, «quem não quer tomar bons conselhos nem ouvir os velhos, cedo se deita a perder», pois, já não é novidade para ninguém que «quem anda à chuva molha-se». Apesar de já sabermos que «nunca Deus fez a quem desamparasse», também é verdade que «à desgraça ninguém foge» e «uma desgraça nunca vem só», pois «nunca digas: desta água não beberei», porque «no melhor pano cai a nódoa» e «cesteiro que faz um cesto, faz um cento, dando-lhe verga e tempo», mas «a esperança é a última a morrer» e podemos confiar que «nunca Deus fecha uma porta que não abra uma janela». Eis o circuito fechado tecido pelos provérbios. É que os provérbios são o modo de o homem desvendar o desconhecido, prever o imprevisível, revestindo-se de eufemismos, sarcasmos, remoques, (anti-) piropos, "bocas-do-mundo", rimas fáceis, imagens, personificações, etc., em que o talento oral do povo se vai espraiando. Este armazém de conhecimentos encerra castigos, ironias, censuras, informações e conselhos, porque «nem com cada mal ao médico, nem com cada dúvida ao letrado». Eles são, portanto, uma das pedras basilares da herança cultural do nosso povo que deve ser preservada e transmitida, porque «o saber escondido, da ignorância vista pouco dista».

Embora o conceito de provérbio não seja claro, existem, no entanto, algumas características que ajudam à sua delimitação.

1. Propriedades extra-linguísticas

Em muitos casos, a origem dos provérbios está na observação atenta de um acontecimento centrado em qualquer área do saber humano, de ordem material, intelectual, ou religiosa. Se essa observação fosse comum a outros indivíduos, a frase passaria a ser aceite e repetida por todos em acontecimentos similares, carregada de um conteúdo sentencioso ou didáctico. Esta utilização contínua contribuiria para consagrar um texto que, circulando na colectividade durante um lapso temporal considerável e com algumas modificações, acabaria por adquirir as formas com que passaria a sobreviver como provérbio. Do seu carácter popular deriva um anonimato, por se ter convertido em propriedade da comunidade. Assim, podemos afirmar que, do ponto de vista sincrónico, os provérbios adquirem o estatuto de textos anónimos. Numa perspectiva diacrónica, sofreram um processo de anonimização pelo facto de haver sempre um autor anónimo responsável pela produção do enunciado. De qualquer forma, eles funcionam como conselhos empíricos que vão circulando numa determinada comunidade e, como refere Jean-Claude Anscombre[33], o autor de um provérbio é qualquer coisa como uma «consciência linguística colectiva».

A perspicácia do povo sempre virou as suas atenções para determinadas áreas do quotidiano das pessoas. Por exemplo:

i) **as superstições** são uma resposta ao destino cego. E eis o desdobrar do rosário: «agouros, nem crê-los, nem experimentá-los», mas para aqueles que acreditam que «sonhar que cai um dente é morte de parente», teremos que os convencer de que, se «ninguém foge à sua sorte», «nem sempre o diabo está ao pé da porta» e além disso as desgraças podem ser esconjuradas. Assim, «quem encontra uma ferradura, guarde-a para sua ventura». E, como diz o ditado, «não temas mal incerto, nem confies de bem certo», porque muitas vezes «de um gosto, mil desgostos» e «nem todos os dias são dias de feira». Bem pelo contrário, por exemplo «à terça-feira, nem cases a filha nem urdas a teia». É este o tecido da teia da superstição;

ii) **as condições atmosféricas** constituem também um tema de eleição das observações atentas do povo, porque delas dependem as boas ou más colheitas. As suas previsões baseiam-se na contemplação de alguns sinais indicadores. Assim, «nuvem comprida que se desvia, sinal de grande ventania», mas atenção porque «nuvens paradas, aos pares cor de cobre, é tempestade que se descobre» e «barra roxa em sol nascente, água em três dias não mente». A lua é também um bom guia, pois, «circo na lua, água na rua», «lua nova trovejada, trinta dias é molhada e se fôr a de

---

[33] Id., Ibid., p. 100.

Setembro, até Março irá chovendo». O céu nem sempre está azul e «céu escavado, aos três dias é molhado», se muito colorido também podemos deduzir que «arco-íris contra a serra, chuva na terra; arco-íris contra o mar, tira os bois e põe-te a lavrar». Nem sempre a água é bem vinda, pois «água de Março é pior que nódoa no pano», mas como «depois da tempestade vem a bonança», «Inverno chuvoso, Verão bondoso». No entanto as condições atmosféricas, só por si, não bastam para que haja boas colheitas, pois, «ao lavrador descuidado, os ratos comem o semeado»;

iii) **os países e regiões** merecem também as atenções do povo, por exemplo «Dom de Espanha, Excelência de França, Senhoria de Portugal, não valem meio real», «de Espanha nem bom vento, nem bom casamento». De Portugal não diremos mal, porque «é má a ave que seu ninho suja» e diz o provérbio que «quem não viu Lisboa, não viu coisa boa» e «quem não viu Coimbra, não viu coisa linda», mas como «não há bela sem senão, nem feia sem sua graça», o melhor é ter cuidado, pois «gente pouca em Paradança, Pardelhas e Campanhó; boieiros do Bilhó; caceteiros de Atei; caniqueiros e Zés-Pereiras de Mondim; demandistas de Vilar e tolos de Ermêlo; quem mais quiser vai lá sabê-lo», mas «para bom entendedor, meia palavra basta». Como vimos, «nem tudo o que luz é ouro» e como *diz o outro* «arrenego do mouro e do judeu, e do homem de Viseu, mas lá vem o braguês que é pior que todos três e o do Porto no seu contrato é o pior de todos quatro, mas o ilhéu é de se lhe tirar o chapéu». Ainda bem que «para cá do Marão, mandam os que cá estão».

Todo o tradicional confronto, tão literário, entre gentes de terras diferentes, fica resumido nestas estrelas do nosso idioma.

Para além da experiência baseada nessa atenta observação dos fenómenos, a civilização greco-latina põe em evidência a ligação do texto proverbial com outros géneros de literatura oral, nomeadamente com as fábulas e os contos tradicionais. Por exemplo «quem tudo quer, tudo perde», diz o fazendeiro da Fábula "A gansa dos ovos de ouro", de Esopo; «a desconfiança é a sentinela da segurança», alude o rato da Fábula "O Gato e o velho rato", de La Fontaine; «preso por ter cão e preso por o não ter», comenta o avô para o neto do Conto Tradicional Português "As bocas do mundo".

Outros supostos autores de provérbios são os sofistas de Atenas e os retóricos de Roma, que acentuam o valor da cultura sábia por esses tópicos. A atestar este facto estão algumas obras de autores consagrados, por exemplo, os *Aforismos Morais* de Séneca, traduzidos para português em 1555[34], onde se exalta o homem trabalhador, porque «para homem dado ao trabalho não há dia grande» e «nunca muito custou pouco». Mas, no seu entender, tudo exige um certo tempo, porque «quem depressa resolve, depressa se arrepende» e «quanto mais alto se sobe, maior queda se dá». Seguindo os seus conselhos, devemos cultivar a observação atenta, pois «pelo vício alheio corrige o alheio o seu».

Alguns provérbios nasceram na Idade Media, reflectindo as normas estabelecidas, os conflitos da sociedade feudal, enfim, o fundo intelectual em que viveu aquela sociedade. Os séculos XVI e XVII foram muito produtivos no que diz respeito a esta matéria. Podemos encontrar informações mais detalhadas sobre este tema no estudo de José Mattoso[35].

A Bíblia é também a fonte de muitos arquétipos literários e culturais, talvez pelo seu carácter universal e sapiencial. Sem dúvida que literatura e sabedoria são dois conceitos que se tocam, entrecruzam e fundem. Os seus conteúdos superam fronteiras étnicas e políticas, aliam a experiência e a teoria, o natural e o humanístico, o erudito e o filosófico. Uma boa parte dos provérbios tem a sua origem no texto bíblico. Normalmente estes distinguem-se dos de origem popular, cujo conteúdo se esconde atrás de metáforas enigmáticas que os temperam de humor e grandes ambiguidades.

Dos livros sapienciais que constituem a Bíblia, o que nos interessa particularmente para o nosso estudo é o *Livro dos Provérbios*, cuja matéria é a sabedoria não de origem humana, mas divina, aquela sabedoria prática que conduz o homem à perfeição e à felicidade. Através dos seus ensinamentos aprendemos as normas de vida para agradar a Deus, a nós próprios e aos nossos semelhantes. O *Livro dos Provérbios* está, pois, repleto de humanismo e sínteses religiosas e culturais condensadas em fórmulas proverbiais. Estas fórmulas surgem como uma meditação sobre experiências, que gradualmente chegam à regra final expressiva e carregada de sabedoria como um *topos* processual da dissertação quotidiana.

A autoria destes provérbios é atribuída a Salomão, considerado o maior sábio de Israel. No entanto, na introdução ao Livro dos Provérbios[36]

---

[34] A referência a esta obra aparece em MAJADA, E. Orbaneja, *El Saber del Pueblo o Ramilete y los Proverbios más Selectos*, Madrid: CIE Inversiones Editoriales, 1998, p.317 que afirma terem sido publicados pela primeira vez em Coimbra, no ano de 1555, e que esgotada esta edição, só em 1831 se publicou nova edição, em Valência.

[35] Sobre esta época consultar a obra de José Mattoso, *O essencial sobre os provérbios medievais portugueses*, Lisboa: Imprensa Nacional Casa da Moeda, 1987.

[36] *A Bíblia de Jerusalém*, São Paulo: Sociedade Bíblica Católica Internacional e Paulus, 1995.

refere-se que o seu tom é anónimo e não se pode, com segurança, atribuir a Salomão esta ou aquela máxima determinada, contudo, não há motivos para duvidar de que, no seu conjunto, essas sentenças remontem à sua época. Citando a Bíblia[37], este livro da literatura sapiencial foi escrito

> (...) para conhecer sabedoria e disciplina, para entender as sentenças profundas, para adquirir disciplina e sensatez, – justiça, direito e rectidão –, para ensinar sagacidade aos ingénuos, conhecimento e reflexão ao jovem, para entender provérbios e sentenças obscuras, os ditos dos sábios e os seus enigmas. Que o sábio escute, e aumente a sua experiência, e o prudente adquira a arte de dirigir (...).

Ao lermos os provérbios sentimos o engrossar da nossa experiência, com as lições colhidas das alegrias e dos infortúnios, as sentenças amargas dos invejosos, que estão sempre à espreita, e os conselhos prudentes dos que mais nos estimam. A identidade do nosso pensamento encontra-se aí expressa, algumas vezes de forma literal, outras vezes implicitamente. De uma forma ou de outra, essas máximas ensinam-nos que «cordeiro manso mama sua mãe e a alheia» e «o filho sábio alegra o pai, o filho insensato entristece a mãe». Mas, apesar de já sabermos que «o jovem segue o seu primeiro caminho e nem mesmo na velhice o deixará»[38], pois, «o que o berço dá, a tumba o leva» e «burro velho não toma andadura», também não podemos esquecer que «quem dá o pão, dá a educação», ou seja, «quem poupa a vara odeia seu filho, aquele que o ama aplica a disciplina»[39]. É por isso que «Deus castiga sem pau nem pedra», mas é bom que se saiba que «Ele guarda para os retos a sensatez, é escudo para os que andam na integridade»[40].

Em síntese do que ficou exposto, poderemos concluir que a base do provérbio é a comunidade como instituição. No entanto, alguns dos seus traços são indicadores das suas fontes remotas. Muitos deles são filhos legítimos do povo, que os gerou e os foi moldando até atingirem a sua autonomia, para poderem circular de boca em boca e se integrarem nos contextos quotidianos. Outros nasceram da boca de algum filósofo, fabulador, ou pessoa ilustre. Outros ainda têm a sua origem na Bíblia, que durante muito tempo permaneceram na condição de enunciados orais e que a boca do povo os adoptou, ou transformou. Seja qual for a sua génese, o mesmo provérbio tanto se pode revestir de roupagens populares, como

---

[37] Id., Ibid. (provérbios, I, 1-7).
[38] Id., Ibid. (provérbios, XXII, 6).
[39] Id., Ibid. (provérbios, XIII, 24).
[40] Id., Ibid. (provérbios, II, 7).

32   *Os textos tradicionais na aula de português: os provérbios*

erguer-se espartilhado nas conversas mais ilustres, dependendo do contexto em que é utilizado.

2. Propriedades estruturais e semântico-pragmáticas:

Como já anteriormente foi referido, o processo de formação de um provérbio passa por algumas fases até adquirir a sua forma estável. E, como afirma Anscombre[41], «un proverbe est quelque chose comme une conscience linguistique collective». Ao longo deste capítulo tentaremos focar algumas das suas características estruturais e semântico-pragmáticas. Começaremos por salientar os traços principais da sua estrutura externa e, por fim, abordaremos algumas das suas funções enquanto texto mínimo autónomo e como acto de linguagem, quando utilizado num contexto de interacção verbal.

É ponto assente que as características essenciais do provérbio são a sua brevidade, o seu carácter de texto autónomo, a sua forma sentenciosa e elíptica, e o seu sentido real ou simbólico. São, portanto, vários os recursos que utiliza o provérbio para explicar um pensamento, um desejo, ou dar um conselho, enraizando-se na nossa memória colectiva.

Podemos, então, afirmar que o texto proverbial se caracteriza pela sua curta extensão sequencial, podendo ser constituído por apenas duas palavras: *"Casamento, apartamento"*. Um outro aspecto tradicionalmente apontado como típico, e que está correlacionado com a brevidade do enunciado, é a sua expressividade lapidar, ou seja, a capacidade de condensar, em poucas palavras, um significado não trivial.

Outro dos traços do provérbio é a sua fixidez, havendo, no entanto, graus e níveis de variação do texto proverbial. Neal Norrick afirma que «Proverbs are never completely frozen»[42]. Na verdade, os provérbios sofrem alguns tipos de variação, nomeadamente:

i) adição lexical, que implica a expansão do provérbio e pode ser motivada por exigências como rima, paralelismos fónicos, etc.:

> *"O testamento do pobre na unha se escreve." / "O testamento do pobre é breve, na unha se escreve."*
> *"O hábito não faz o monge." / "O hábito não faz o monge, mas fá-lo parecer ao longe."*

---

[41] ANSCOMBRE, Jean-Claude, Ibid., p. 100.
[42] NORRICK, Neal, *How proverbs mean. Semantic studies in english proverbs*, Berlin: Mouton Publishers, 1985, p. 46.

"Ouvir missa não gasta tempo, dar esmola não empobrece." /
/ "Ouvir missa não gasta tempo, dar esmola não empobrece,
Deus ajuda e enriquece."

ii) substituição sinonímica, para-sinonímica ou hiponímica:

"Risinho pronto, miolo chocho." / "Risinho pronto, miolo tonto."
"Quem por greta espreita seus doilos vê." / "Quem por fresta
espreita seus doilos aventa."
"Quem dá o pão dá o pau." / "Quem dá o pão dá o castigo." /
/ "Quem dá o pão dá a educação." / "Quem dá o pão dá o
ensino."

iii) alteração da ordem dos constituintes da frase:

"Pouco aprende quem muito dorme." / "Quem muito dorme
pouco aprende."
"Sai a acha ao madeiro." / "A acha sai ao madeiro."
"Onde força não há direito se perde." / "Onde não há força
perde-se o direito."

iv) elisão do artigo:

"À mulher a roca e ao marido a espada." / "À mulher roca e
ao marido espada."
"A perseverança tudo alcança." / "Perseverança tudo alcança."
"Galinha que canta como o galo do homem faz cavalo." / "Ga-
linha que canta como galo do homem faz cavalo."

v) elisão do verbo, dando à sequência proverbial o valor de nome
(nomeação directa):

"Erros de filhos, culpas de mães."
"Rei iletrado, jumento coroado."
"Nem erva no trigo, nem suspeita no amigo."

vi) ausência de determinantes e antecedentes, aliviando os elementos dispensáveis, para acentuar a concisão, o carácter lapidar:

"Amigo deligente é melhor do que parente."
"Mulher bonita nunca é pobre."
"Homem prevenido vale por dois."

vii) construções sintácticas distintas:

"Ao confessor e ao letrado confessa teu pecado." / "Ao confessor e ao letrado não o tenhas enganado."
"Almocreve cavaleiro não ganha dinheiro." / "Almocreve cavaleiro não ganhadeiro."
"A mulher e o vinho fazem errar o caminho." / "A mulher e o vinho tiram o homem do caminho."

viii) introdução de marcadores sintácticos de foco:

"De pequenino se torce o pepino." / "De pequenino é que se torce o pepino."
"No perigo se conhece o amigo." / "No perigo é que se conhece o amigo."

Estas variações registam-se a nível lexical e sintáctico, podendo também ocorrer um processo de sinonímia entre provérbios. Ao utilizarmos a palavra sinonímia queremos dizer que dois ou mais provérbios linguisticamente diferentes, são equivalentes a nível semântico, argumentativo ou ilocutório, podendo ser mutuamente substituíveis no mesmo contexto.

ix) sinonímia entre provérbios:

"Quem uma vez furta, fiel nunca." / "Cesteiro que faz um cesto faz um cento."
"Não metas o nariz onde não és chamado." / "Não metas a foice em seara alheia."
"A cavalo dado não se olha o dente." / "Quem aceita não escolhe."

Outro traço formal característico do texto proverbial é o carácter arcaico da construção gramatical mais visível:

x) presença de certos traços arcaizantes a nível lexical:

"Só se vêem os argueiros nos olhos dos outros."
"A cãs honradas não há portas fechadas."
"Quem com doidos tem de se entender muito siso há mister."

Este carácter arcaico, remetendo-nos para o passado e para uma tradição secular, confere aos provérbios a autoridade própria do objecto de museu.

O predomínio de certos tempos verbais é também uma marca distintiva deste tipo de texto. Os tempos verbais dominantes são:

xi) o presente do indicativo[43] que permite enunciar verdades atemporais remetendo para uma certa intemporalidade, uma vez que pode ser utilizado para referenciar situações passadas, presentes e futuras, dado o carácter não episódico do provérbio. Por exemplo:

"Quem se engana aprende."
"Quem se ri dos conselhos da prudência da leviandade recebe a recompensa."
"O hábito elegante cobre às vezes um tratante."

xii) o imperativo[44], ou as suas formas substitutas, pretendem garantir a permanência de uma ordem moral. Sem ser o modo dominante, enquadra-se bem na função preventiva, "conselheiral" do provérbio:

"Na terra onde fores viver, faz como vires fazer."
"Não julgues rápido de ninguém, nem para mal, nem para bem."
"Não cures de ser picão nem traves contra a razão, se queres lograr tuas cãs com tuas queixadas sãs."

xiii) o pretérito perfeito:

"Quem não se aventurou não perdeu nem ganhou."
"A lã nunca pesou ao carneiro."
"Nunca o invejoso medrou, nem quem ao pé dele morou."

Relativamente ao pretérito perfeito, os provérbios em que surge este tempo são «casos marginais ou atípicos»[45], pois uma das características do provérbio é o facto de não se referir a acontecimentos episódicos, espácio-temporalmente fixos. Ora, o pretérito perfeito remete para um tempo passado e para acções concluídas. Nos provérbios em que surge tal tempo ver-

---

[43] Cfr. Mário Vilela 1999: 164 («O presente pode ainda exprimir o presente "universal" (ou gnómico), o que não tem qualquer relação com o tempo, o que é intemporal: o chamado presente sem tempo…»).

[44] Ob. cit, p.175 («O valor do imperativo está intimamente ligado à situação, ao contexto, tanto mais que supõe a presença de um partner de quem o falante pode esperar a realização do que "é ordenado"»).

[45] LOPES, Ana Maria Macário, Ibid., p. 148.

bal é frequente a ocorrência dos advérbios "não " e "nunca" que vêm anular essa circunscrição ao passado.

Um outro atributo comum aos provérbios, mas não obrigatório, é a presença de uma propriedade retórica e estilística particular, como:

xiv) aliteração, repetição, jogo de palavras:

> *"Na primeira quem quer cai, na segunda cai quem quer, na terceira quem é tolo."*
> *"Passo a passo se anda espaço."*
> *"Qual o rei, tal a lei, qual a lei, tal a grei."*

xv) rima interna:

> *"Não há sábio nem douto que de louco não tenha um pouco."*
> *"Não caça de coração senão o dono do furão."*
> *"Lé com lé, cré com cré, cada um com os da sua ralé."*

xvi) assonância:

> *"Mal haja quem de mim mal diz, mas mais quem mo traz ao nariz."*
> *"Menina e vinha, peral e faval, maus são de guardar."*
> *"Quem saiba e pense vence e convence."*

xvii) rima final:

> *"Quem espera desespera."*
> *"Quem não cansa alcança."*
> *"Quem não nasceu para ser galo, é capá-lo."*

xviii) estrutura rítmica:

a) binária

> *"Tal povo, tal voz."*
> *"Grande aparato, pequeno recato."*
> *"Mãe aguçosa, filha preguiçosa."*

b) ternária

> *"Nem sábado sem sol, nem domingo sem missa, nem segunda sem preguiça."*
> *"Nem ruin letrado, nem ruin fidalgo, nem ruin galgo."*

> *"Guarda-te do boi pela frente, do burro por detrás e da mulher por todos os lados."*

c) outras

> *"Uma sebe dura três anos, três sebes um cão, três cães um cavalo, três cavalos um homem, três homens um corvo e três corvos um elefante."*
> *"O cravo segura a ferradura, a ferradura o cavalo, o cavalo o cavaleiro, o cavaleiro o castelo, o castelo todo o reino."*
> *"Redes no mar, moinhos de vento, bens de padres, pomares de pessegueiros, bens de rendeiros, chegam a segundos mas não chegam a terceiros."*

xix) oposições (antonímicas) lexicais:

> *"Quem ama a preguiça desama a fortuna."*
> *"Quem empresta a um amigo cobra a um inimigo."*
> *"Longa ausência, esquecimento breve."*

xx) o texto proverbial é coerente, usando palavras do mesmo campo semântico:

> *"Fome de caçador, sede de pescador."*
> *"Espada por espada, lança por lança."*
> *"Homem sem abrigo, pássaro sem ninho."*

No plano das figuras de retórica, é de salientar a ocorrência frequente de:

xxi) metáforas e símiles:

> *"A mulher e o vinho enganam o mais fino."*
> *"Rico avarento é árvore sem frutos."*
> *"Viúva é barco sem leme."*

xxii) comparações servindo-se de "topoi" (prototípicos):

> *"A ocasião faz o homem, como o choco faz o pinto."*
> *"A verdade é como o azeite, vem sempre à tona da água."*
> *"A lei de reinar é como a de amar."*

Todas estas estruturas formais têm uma função mnemónica. Uma vez que o provérbio é um texto que se transmite por via oral, a sua estrutura formal deve facilitar a memorização. Os provérbios podem apresentar diferentes estruturas sintácticas:

xxiii) frases simples:

> *"Em casa de ferreiro, espeto de pau."*
> *"A cavalo dado não se olha o dente."*
> *"O sono é bom conselheiro."*

xxiv) frases compostas:

> *"Não peças a quem pediu, não devas a quem deveu, nem sirvas a quem serviu."*
> *"Não digas tudo o que sabes, nem creias tudo o que ouves, nem faças tudo o que podes."*

xxv) uma citação com um autor suposto, autor que substitui a *"vox populi"* ou com a personificação de qualidades / defeitos:

> *"Diz o roto ao nu: porque não te vestes tu?"*
> *"Diz o prior da aldeia: quem fez os borrões que os leia."*

xxvi) a interrogação retórica, com / sem respectiva resposta:

> *"Cágado, para que queres botas se tens as pernas tortas?"*
> *"Quem gaba a noiva? É o pai que a quer casar."*

Um outro traço definidor do provérbio é o facto de funcionar como proposição autónoma – texto –, ou seja, como enunciado completo com um valor semântico autónomo em termos comunicativos. Os provérbios bastam-se a si próprios, não dependendo de qualquer contexto linguístico ou extra-linguístico para serem inteiramente compreendidos. Esta autonomia é a característica que melhor distingue os provérbios das expressões idiomáticas. Estas não têm autonomia sintáctica nem semântica, sendo apenas constituintes da frase. Os provérbios e as expressões idiomáticas partilham, no entanto, algumas características, tais como: rigidez de estrutura, extensão variável, fixação, não dependem da liberdade do falante, que se limita a citá-los como um todo condensado. Tanto os provérbios como as expressões idiomáticas são unidades discursivas citadas e não criadas em cada acto de fala.

Os exemplos que se seguem pretendem esclarecer as diferenças e semelhanças entre expressões idiomáticas e provérbios:

"Meter-se em camisa de onze varas" / "Não te metas em camisa de onze varas."
"Levar a água ao seu moinho" / "Cada um leva a água ao seu moinho."
"Ter padrinhos" / "Quem tem padrinhos não morre mouro."

Como podemos verificar nos exemplos citados, é com muita frequência que um provérbio corresponde a uma expressão idiomática. No primeiro exemplo, podemos integrar a expressão idiomática num contexto de uma situação em que alguém se mete em assuntos que não deve. O provérbio que lhe corresponde é uma proposição autónoma que tem a função de aconselhar alguém a evitar uma situação de conflito. No segundo exemplo, a expressão idiomática só terá sentido num determinado contexto linguístico, enquanto o provérbio só por sí é compreendido como o facto de cada um usar o bem comum para benefício próprio. No terceiro caso, a expressão idiomática também não tem autonomia, enquanto o provérbio se entende sem precisar de mais explicações, pois, partindo do princípio de que os padrinhos se convertem em protectores dos seus afilhados, do provérbio facilmente se deduz que quem tem protectores com determinados poderes tem a vida facilitada.

Assim, podemos concluir que, geralmente, somos sensíveis à necessidade de integração da expressão idiomática num contexto, para que esta seja devidamente entendida. Contrariamente, o provérbio é isoladamente uma proposição autónoma. Este aspecto conduz-nos à noção de provérbio como texto: um enunciado linguístico completo e coerente de extensão variável. A sua brevidade sintagmática permite-nos defini-lo como texto mínimo. Se o considerarmos desta forma, cabe-nos sublinhar que, apesar de ser entendível, independentemente do contexto, o enunciado não é empregue sem um contexto de referência (este apenas surge sem contexto de referência nos adagiários).

A relação provérbio / contexto não é uma relação explicita, podendo o provérbio ser citado em variadíssimas situações. No entanto, deveremos ter sempre em consideração o que Cervantes nos ensina, através de D. Quixote: que o provérbio que não vem a propósito é mais disparate que sentença. A este respeito e recorrendo à etimologia da palavra *provérbio* refere Don José María Sbarbi[46] que:

> (...) siendo la mayor parte de los *proverbios* en su uso una aplicación nueva de un principio antiguo, ó valiéndonos de otros términos, la

---

[46] SBARBI, Don José María, Ibid., p. 13.

sustitución actual de un dicho notable, proferido anteriormente en iguales ó parecidas circunstancias, á cualquier expresión común y trivial que en el momento se nos ocurriera naturalmente, se resuelve dicho término en la frase latina *verbum* PRO VERBO, esto es, *una palabra ó frase empleada en lugar de otra, un verbo* POR *otro* VERBO.

Deste comentário ressalta, mais uma vez, a flexibilidade do provérbio e a sua adaptação contextual, bem como o seu carácter de citação a que Anscombre[47] faz alusão, comparando os provérbios a leis consuetuelináries e os seus locutores a advogados. Este autor acrescenta ainda que:

> (...) dans la mesure où il est cadre du discours dans lequel il apparaît, il n'est pas à proprement parler asserté, mais bien plutôt présenté, mis en place. Et ce côté non asserté est accentué par le fait que le locuteur d'un proverbe n'en est pas l'auteur: il n'est en fait que l'utilisateur d'une dénomination présente dans la langue.

Ainda nesta linha de pensamento Ana Cristina Macário Lopes[48] refere-se ao provérbio como «texto híbrido» pelo seu carácter fortemente cristalizado, por um lado, e a flexibilidade de adequação contextual, por outro. Segundo esta autora, o provérbio é «aberto, na medida em que faculta um amplo leque de possibilidades interpretativas, consoante a situação concreta em que é utilizado; fechado, na medida em que transporta consigo uma interpretação-padrão estável, convencionalmente estabelecida e fixada pela tradição».

Podemos então afirmar que os provérbios não se reportam a um acontecimento factual passado, denotando situações genéricas, não ancoradas no tempo nem no espaço. Têm, portanto, um valor universal, nunca admitindo leituras episódicas. Esta universalidade poderia ser posta em causa nos provérbios em que surgem:

xxvii) antropónimos:

> *"Governa Maria em casa vazia."*
> *"Se bem me quer João, suas obras o dirão."*
> *"Bem canta Marta depois de farta."*

xxviii) deícticos:

> *"Diz-me com quem viveste, dir-te-ei o que aprendeste."*

---

47 ANSCOMBRE, Jean-Claude, Ibid., p. 103.
48 LOPES, Ana Maria Macário, Ibid., p. 11.

"Faz-me as barbas, far-te-ei o cabelo."
"Mostra-me a tua mulher e eu te direi que marido tem."

No entanto, no caso dos primeiros, os nomes próprios não referenciam uma pessoa singular. Trata-se sempre de falsos nomes próprios, variáveis susceptíveis de representar qualquer ser humano, perdendo assim o seu estatuto de nome próprio. A sua escolha pode ter várias motivações, entre elas a necessidade de rimar e a frequência do nome (por exemplo: Maria). Relativamente aos segundos (deícticos), os pronomes pessoais de primeira e segunda pessoas também não se referem, no caso do texto proverbial, a indivíduos específicos, mas sim aos eventuais protagonistas da interacção verbal. A introdução da segunda pessoa ("tu") funciona como um processo de envolvimento do interlocutor do texto proverbial.

Como já várias vezes referímos, o provérbio não é uma forma de expressão gratuita. Tal como afirma Jesús Villamor e Juan Miguel[49]:

> el refrán está basado en la experiencia lo que, a través del paso del tiempo, va cargándole de un contenido sentencioso o didáctico. Se aplica este adjetivo a todo lo relacionado con la moral o la doctrina, y también cuanto se trata de consejos, soluciones a situaciones diversas, y observaciones sobre el comportamiento humano, vituperando los defectos, ensalzando virtudes o proponiendo normas de conducta.

Para Joaquin Calvo-Sotelo[50] «del proverbio se deduce siempre um consejo; el proverbio toma partido, nos empuja, por acción o por omisión a decidirnos en un sentido o en otro». Para justificar a sua afirmação aponta como exemplo o provérbio *«Tantas vezes vai o cantaro à fonte, que lá deixa a asa»* e explica que quando nos expomos reiteradas vezes ao mesmo perigo corremos um grande risco, pelo que é conveniente mudar de atitude. Isto é, os provérbios assumem uma função didáctica, ao chamar a nossa atenção para determinados factos, incitam portanto a determinadas condutas.

Gabriela Funk[51] parece introduzir uma nota discordante, ao afirmar que «o provérbio não é, à partida, nem didáctico, nem uma regra consensualmente aceite, nem tão pouco um veículo de sabedoria de vida ou um juízo de valor sobre normas de conduta». No entanto, esta autora refere

---

[49] VILLAMOR, Jesús Mª, MIGUEL, Juan Manuel, *Refranero Popular Manchego y los Refranes del Quijote,* Toledo: Diputación Ciudad Real, 1998, p. 21.

[50] CALVO-SOTELO, Joaquin, Ibid., p. 9.

[51] FUNK, Mª Gabriela, Ibid., p. 31.

42   *Os textos tradicionais na aula de português: os provérbios*

que o texto proverbial se apresenta como uma «regra indutiva», cujo valor de verdade não pode ser justificado, porque não é aceite da mesma forma por todos os membros de uma comunidade cultural.

Segundo Alain Rey[52] «tout proverbe exprime une logique du jugement, une logique de l'action et souvent une morale». Directa ou indirectamente, o provérbio aponta para uma explicação do mundo baseada na experiência. Assim, ao interpretarmos um provérbio, prevalece o significado cultural relativamente ao significado literal ou denotativo. Só quando o primeiro (significado cultural) surge contextualmente inadequado é que se recorre ao segundo (significado denotativo):

> (...) ao empregar o provérbio em discurso, o locutor tem sempre a intenção de atingir um alvo preciso. Contudo, a natureza genérica, atributiva, do provérbio dá origem a uma dubiedade em termos de referência a alvos específicos, o que é aliás vantajoso para ambos os parceiros do acto de fala, já que permite ao alocutário todo o jogo do "dizer e não dizer" (...). É justamente esse dizer sem dizer propiciado pelo provérbio, mais a sedução produzida por seus elementos prosódicos e mnemônicos, assim como sua essência de verdade geral incontestável, proveniente de uma fonte de sabedoria admitida como infalível, que faz dele uma arma apreciada na argumentação.[53]

Segundo Chaïm Perelman[54] a argumentação é o estudo das técnicas discursivas que permitem provocar ou aumentar a adesão dos outros às teses que se apresentam à sua aprovação. Para Marion Carel[55] argumentar consiste em ser coerente com regras que, através da sua lexicalização, aparecem como lugares comuns. Na opinião de Anscombre e Ducrot a argumentação é basicamente um tipo particular de relação discursiva que liga um ou vários argumentos com uma conclusão, argumentar é portanto dar razões a favor de uma conclusão.

Partindo desta breve síntese de opiniões de alguns autores, podemos afirmar que os provérbios, enquanto regras consensualmente aceites por uma determinada colectividade cultural, aparecem frequentemente no discurso como argumentos «pseudo-científicos». Este aspecto remete-nos

---

[52] REY, Alain, Ibid., pp. IX-XV.

[53] ROCHA, Regina, *A Enunciação dos provérbios*, São Paulo: ANNABLUME Editora, 1995, pp. 150-151.

[54] PERELMAN, Chaïm; OLBRECHTS, Tyteca l., *Traité de l'argumentation, la nouvelle rhétorique*, Bruxelles: Éditions de l'université, 1988, p. 5.

[55] CAREL, Marion, "L'argumentation dans le discours: argumenter n'est pas justifier" in *Letras de hoje, n.°107*, Porto Alegre: PUCRS, 1997, p. 24.

para o princípio argumentativo que é o *topos* de Aristóteles a que Ekkehard Eggs se refere:

> (...) l'ensemble des lieux spécifiques constituerait le système de plausibilités d'une communauté, une sorte de système du savoir public. Ce serait, en langage moderne, un système-expert du savoir quotidien (...) Aristote a été le premier et le dernier à essayer de reconstruire par des règles topiques ce savoir de tous ou presque tous[56].

Os provérbios, à semelhança dessas «règles topiques», reorganizam o «savoir public» a que se refere este autor, na medida em que transmitem verdades consensualmente aceites, veiculam e incitam a determinadas normas de conduta, funcionando como instrumento didáctico.

Os *topoi* têm basicamente duas funções: a função "material" e a função "formal"[57].

Na vida quotidiana somos confrontados com a denominada função "material" dos provérbios enquanto enunciações ao serviço de inúmeras ocorrências de práticas argumentativas, desde discursos políticos a campanhas publicitárias de todo o género. Por vezes utilizados na sua forma tradicional, outras vezes como "clichés", o que é certo é que essas verdades intelectuais ou morais conservam o seu estatuto vivo e pleno.

Citando Ducrot[58], a propósito de argumentação:

> (...) quand on dit d'un discours que c'est une argumentation, on entend généralement par là que son locuteur a affirmé un certain nombre de faits, et que, ce faisant, il a prétendu chercher à faire admettre par le destinataire la validité, ou au moins la légitimité d'une certaine conclusion.

Ao utilizar um provérbio no seu discurso, também o locutor tenta evidenciar, em diversos planos, a carga semântica que ele próprio visa transmitir, com o intuito de convencer o destinatário sobre a validade da

---

[56] EGGS, Ekkehard, "L'actualité du débat sur les topoi dans la rhétorique et la dialectique traditionnelles" in *Lieux communs, topoi, stéréotypes, clichés*, Paris: Editions Kimé, 1993, p.405

[57] Aliás, é esta a definição apresentada por Daniel Nicolet «[...] en plus de la fonction matérielle de fournir des protases, c'est-à-dire des énoncés utilisables dans une argumentation, les topoi ont une autre fonction, qu'on peut appeler formelle, et qui consiste dans une règle d'inférence, une sorte d'instruction sur la manière d'utiliser ces donnés dans une argumentation.» (Nicolet 1993: 458).

[58] DUCROT, Oswald, "Les topoi dans la «Théorie de l'argumentation dans la langue»" in *Lieux communs, topoi, stéréotypes, clichés*, Paris: Editions Kimé, 1993, p. 238.

sua tese. Desta forma, o provérbio passa a manter uma relação permanente com a globalidade do enunciado de que faz parte integrante, impregnando--o de credibilidade.

Se o provérbio utilizado veicula uma norma de conduta individual ou colectiva e, se o seu locutor se identifica com a proposição a ele subjacente, as linhas fundamentais da carga ideológica que essas normas subentendem serão acentuadas pelo locutor. Desta forma, a força do provérbio enunciado tem mais possibilidades de conseguir estabelecer um acordo entre locutor e alocutário e poderemos dizer que a argumentação foi bem sucedida.

Muitas vezes, para que esse acordo se estabeleça, o locutor procura legitimar o provérbio, atribuindo-o a fontes vulgarmente consideradas de grande confiança e probidade, através de expressões como: *"já a minha avó dizia"*; *"lá diz o povo, e com razão"*; *"como diz o outro"*; etc.. Assim, o provérbio procede por autoridade, escamoteando dados necessários à decisão do destinatário do enunciado e procurando induzí-lo a uma cognição tão segura quanto possível, já que propõe como certa a realidade objectiva.

Em jeito de conclusão, podemos dizer que a estrutura externa dos provérbios se vai polindo de boca em boca e acaba por se converter em frase poética. Os provérbios são enunciados genéricos e autónomos não ancorados no tempo nem no espaço. O predomínio do presente do indicativo está ao serviço da atemporalidade da mensagem proverbial. O uso do imperativo garante a permanência da ordem moral vigente, facilitando o didactismo já referido. Consagrado pelo uso, o provérbio possui um estatuto híbrido, caracterizando-se simultaneamente pela cristalização e flexibilidade de adaptação a contextos diferenciados.

Podendo ou não pressupor uma experiência passada, os provérbios podem ser utilizados como aviso ou conselho, em situações análogas no futuro. Eles marcam uma posição valorativa acerca de comportamentos e atitudes. A actualização do potencial didáctico dos provérbios depende dos contextos em que são invocados e a sua utilização visa, em última análise, a adesão do destinatário à tese que é defendida, pois, argumentar é, como já referimos, um dos objectivos básicos da enunciação dos provérbios.

II. Os provérbios na imprensa local

No capítulo anterior tentámos reflectir sobre algumas das propriedades do provérbio, nomeadamente as de carácter semântico-pragmático.
O que nos propomos fazer, ao longo das próximas páginas, é tentar inferir
do eco que o provérbio tem na nossa imprensa regional e, tendo em conta
o que antes ficou exposto sobre as suas funções discursivas, procederemos
a uma análise do provérbio contextualizado.

O interesse que este tema suscitou em nós deve-se fundamentalmente ao valor que atribuímos à imprensa, de uma forma geral e particularmente à de âmbito regional, como um meio formativo e informativo
dedicado ao serviço público. Para além destas funções, explicitamente
assumidas nos estatutos editoriais[59], os meios de comunicação têm uma
função persuasiva, facilitada pela lei da proximidade geográfica, afectiva,
psicológica, temporal, sócio-cultural, político-ideológica, e até mesmo da
vida quotidiana. Através desta proximidade, o jornal regional cumpre o
seu papel de mediador entre as pessoas, oferecendo-lhe uma interpretação

---

[59] Por exemplo, no Estatuto Editorial do Jornal "A Voz de Trás-os-Montes" afirma-
-se: "A Voz de Trás-os-Montes é um semanário formativo, informativo, regionalista e
apartidário. Como órgão formativo, orienta-se pela doutrina social católica; como órgão
informativo, visa, predominantemente, a publicação de notícias de interesse local e regional, sem excluir a informação de maior relevo no âmbito nacional. Politicamente apar-
tidária, «A Voz de Trás-os-Montes» está ao serviço do Povo Português em tudo quanto,
construtivamente, signifique respeito pela pessoa humana e reconhecimento dos seus
inalienáveis direitos."("A Voz de Trás-os-Montes", 16 de Março de 2000).

O Estatuto Editorial do Jornal "Notícias de Vila Real" refere: "O Notícias de Vila
Real é um jornal de âmbito regional de informação geral, dando especial relevo às actividades económicas, culturais e educacionais que contribuem para o desenvolvimento inte-
gral e integrado da região em que se insere. (…) O Notícias de Vila Real praticará um jor-
nalismo independente de quaisquer ligações ou interesses políticos, empresariais, raciais,
ideológicos, religiosos ou outros. Defenderá os princípios que enformam a identidade e
cultura portuguesas e promoverá a defesa do interesse nacional e regional, da democracia,
da boa moral ética, dos direitos da pessoa humana e a preservação do ambiente." ("Notícias de Vila Real", 29 de Março de 2000).

da realidade e solicitando a opinião do leitor. O que nos interessa particularmente, para o nosso estudo, é verificar a ocorrência do texto proverbial, na imprensa regional, em que tipo de textos aparece e até que ponto, a sua enunciação terá um carácter argumentativo.

O nosso objecto de estudo recaíu em dois dos jornais que actualmente têm maior projecção para cá do Marão: "A Voz de Trás-os-Montes" e "Notícias de Vila Real". No primeiro caso, trata-se de um semanário que completou 53 anos em 9 de Novembro de 1999, com uma tiragem média semanal de 5500 exemplares. Relativamente ao segundo, é um quinzenário que completou um ano a 29 de Setembro de 1999, com tiragens entre os 3500 e os 7000 exemplares. A abordagem que nos propomos fazer destes dois jornais regionais tem como único objectivo dar conta da frequência com que o texto proverbial aí aparece e em que contextos. Para isso consultámos as publicações de ambos, durante o período de três meses (Janeiro, Fevereiro e Março de 2000).

Os resultados da nossa investigação, relativamente à ocorrência do texto proverbial nesses dois jornais, aparecem reproduzidos nos Quadros I e II, onde os provérbios figuram na sua forma canónica. No entanto, esta forma nem sempre é a que aparece nos textos, mas esse será outro aspecto a considerar ao longo deste capítulo.

A VOZ DE TRÁS-OS-MONTES	
EDIÇÃO	PROVÉRBIO
6 Janeiro, p. 2	Presunção e água benta cada um toma a que quer.
6 Janeiro, p. 3	O futuro começa hoje.
6 Janeiro p. 4	Para a frente é que é o caminho.
6 Janeiro, p. 10	Homem prevenido vale por dois.
6 Janeiro, p. 14	A dois mil chegarás, dos dois mil não passarás.
6 Janeiro, p. 14	Ano novo, vida nova.
6 Janeiro, p. 14	Mais vale prevenir que remediar.
13 Janeiro, p. 5	Se queres conhecer o vilão, mete-lhe a vara na mão.
13 Janeiro, p. 16	Nunca é tarde.
13 Janeiro, p. 22	Água mole em pedra dura, tanto bate até que fura.
13 Janeiro, p. 26	Ver para crer.
20 Janeiro, p. 5	Quando a esmola é grande, o pobre desconfia.
20 Janeiro, p. 5	Depressa e bem, há pouco quem.
20 Janeiro, p. 8	Só há pátria com heróis.
20 Janeiro, p. 9	Voz do povo é voz de Deus.

3 Fevereiro, p. 12	Quem brinca com o fogo acaba sempre queimado.
3 Fevereiro, p. 13	Um burro carregado de livros é um doutor.
3 Fevereiro, p. 14	Quando a candelária chora, o Inverno já está fora; quando a candelária rir, o Inverno está para vir.
3 Fevereiro, p. 14	É muito mau de contentar quem quer Sol na eira e chuva no nabal.
3 Fevereiro, p. 24	Enquanto há vida, há esperança.
3 Fevereiro, p. 40	O Sol quando nasce é para todos.
10 Fevereiro, p. 12	Amor com amor se paga.
10 Fevereiro, p. 16	Quem tem uma mãe tem tudo, quem não tem mãe não tem nada.
17 Fevereiro, p. 12	Não há bela sem senão.
17 Fevereiro, p. 12	Os homens não se medem aos palmos.
17 Fevereiro, p. 13	É mais fácil ter ideias do que realizá-las.
17 Fevereiro, p. 14	Ao menino e ao borracho põe Deus a mão por baixo.
17 Fevereiro, p. 15	O tempo é o melhor juiz.
17 Fevereiro, p. 15	Fevereiro quente traz o diabo no ventre.
17 Fevereiro, p. 16	Mudam-se os tempos, mudam-se as vontades.
17 Fevereiro, p.19	Um mal nunca vem só.
17 Fevereiro, p. 20	Adeus ganho que me dás perca.
24 Fevereiro, p. 2	Quem espera desespera.
24 Fevereiro, p. 5	Com papas e bolos se enganam os tolos.
24 Fevereiro, p. 15	Mudam-se os tempos, mudam-se as vontades.
24 Fevereiro, p. 23	Mais vale tarde que nunca.
24 Fevereiro, p. 26	Dos fracos não reza a história.
2 Março, p. 1	Tristezas não pagam dívidas.
9 Março, p. 3 (desporto)	Águas passadas não movem moinhos.
9 Março, p. 3 (desporto)	O tempo é bom conselheiro.
9 Março, p. 3 (desporto)	O tempo não volta atrás.
9 Março, p. 3 (desporto)	Por morrer uma andorinha não acaba a Primavera.
16 Março, p. 11	Por bem fazer, mal haver.
16 Março, p. 1 (desporto)	À mulher de César não basta ser séria, tem que parecê-lo.
6 Março p. 4 (desporto)	Sem ovos não se fazem omeletes.
16 de Março, p. 14	Faz bem, não olhes a quem.
16 de Março, p. 18	Mais vale tarde que nunca.
16 de Março, p. 18	Sem ovos não se fazem omeletes.
16 Março, p. 19	Em Abril, águas mil.

23 Março, p. 13	Quem não chora, não mama.
23 Março, p. 2 (desporto)	O sol, quando nasce, é para todos.
23 Março, p. 2 (desporto)	Gato escaldado, da água fria tem medo.
23 Março, p. 4 (desporto)	Enquanto há vida, há esperança.
23 Março, p. 5 (desporto)	Os últimos são os primeiros.
30 Março, p. 2 (desporto)	Nem só de pão vive o homem.
30 Março, p. 2 (desporto)	À mulher de César não basta ser séria, tem que parecê-lo.
30 Março, p. 2 (desporto)	Enquanto há vida, há esperança.

Quadro I – Ocorrência de provérbios no jornal "A Voz de Trás-os-Montes"

NOTÍCIAS DE VILA REAL

EDIÇÃO	PROVÉRBIO
5 Janeiro, p. 9	No melhor pano cai a nódoa.
5 Janeiro, p. 10	Mudam-se os tempos, mudam-se as vontades.
2 Fevereiro, p. 8	Santos da casa não fazem milagres.
1 Março, p. 13	Vale mais prevenir que remediar.
1 Março, p. 13	Dos fracos não reza a história.
29 Março, p.9	A vingança serve-se fria.
29 Março, p. 9	O último a rir é o que ri melhor.
29 Março, p. 11	O hábito não faz o monge.
29 Março, p. 12	A culpa morreu solteira.
29 Março, p. 14	O saber não ocupa lugar.
29 de Março, p. II	Nem só de pão vive o homem.

Quadro II – Ocorrência de provérbios no jornal "Notícias de Vila Real"

Como podemos constatar, a partir dos dados expostos, os provérbios marcam a sua presença na imprensa regional. Nos dois casos estudados verificámos que os provérbios são mais numerosos no jornal "A Voz de Trás-os-Montes", talvez este facto se deva ao seu cariz religioso e mais conservador, enquanto o "Notícias de Vila Real" tem um pendor mais laico, menos conservador.

Embora nos Quadros I e II os provérbios se encontrem na sua forma canónica, a verdade é que os seus enunciadores recorrem frequentemente a modificações criativas[60]. A título de exemplo, passaremos a apresentar alguns casos em que essas modificações ocorrem.

Nuno Botelho, no artigo intitulado "O Parque de Estacionamento da Avenida" apresenta "a Voz de um Cidadão Anónimo" indignado pelas obras que se estão a processar na Avenida. O autor do artigo declara: "esta afoita opinião, é claro, significa, talvez sem se dar conta, uma concorrente de opiniões, uma reacção cívica (e entre outras, diferentes). Mas, agora, consumados os factos, a «voz do povo» não é a «voz de Deus»". (A Voz de Trás-os-Montes, 20 de Janeiro)

Neste caso, o autor do artigo usa o provérbio «voz do povo é voz de Deus» como premissa, por se tratar de uma unidade aceite como verdadeira. No entanto, com a introdução da partícula de negação "não", nega essa "verdade", admitindo o princípio da contradição, relativamente à premissa inicial e procura, assim, provocar a indignação no leitor.

Armando Moreira, no artigo intitulado: "Quadratura do Círculo", comentando os apoios que o governo anuncia refere: "(...) seria conveniente que os responsáveis das diversas pastas se entendessem primeiro, entre si, antes dos bombásticos anúncios públicos, para não se ficar de pé atrás, desconfiando da fartura: *«Quando a esmola é grande...»*. É que todos conhecem também aquele outro dito popular: *«Muito (depressa) e bem, há pouco quem»*, que é o que indica todo este frenesim anunciativo, que mais se parece com a quadratura do círculo. Oxalá me engane!". (A Voz de Trás-os-Montes, 20 de Janeiro)

Neste artigo podemos verificar a combinação de duas técnicas persuasivas: a primeira, relativamente ao provérbio «Quando a esmola é grande o pobre desconfia», em que o autor recorre à redução do provérbio, eliminando alguns dos seus componentes, assim, o provérbio aparece truncado[61]. Este procedimento tem como pressuposto que o provérbio em

---

[60] Regina Rocha (*A Enunciação dos Provérbios*, S. Paulo: ANNABLUME editora, 1995: 164), a este propósito, refere: "É claro que um provérbio plagiado numa situação de enunciação específica deixa de ser provérbio, isto é, deixa de constituir uma verdade geral para tornar-se uma verdade particular, na medida em que passa a referir-se com exclusividade a seres presentes no universo de uma enunciação única. Com esse recurso, o locutor busca validar sua exposição ou argumentação, não pela citação de uma verdade geral irrefutável, mas por uma adaptação em que, ao passar do genérico para o particular, conserva a fôrma de estereótipo alterando-lhe o conteúdo por meio da substituição de alguns elementos lexicais".

[61] Cfr. Mário Vilela (a publicar): («A truncação do provérbio representa uma convivência, uma cumplicidade entre os interlocutores: pressupõe-se que ambos sabem de cor e poupam-se o trabalho e assim se reforça o papel do saber partilhado...»).

causa está de tal forma institucionalizado que basta mencionar uma das suas partes para se evocar a sua totalidade. É de salientar, portanto, o seu efeito ecóico.

Relativamente ao provérbio «Depressa e bem há pouco quem», o articulista recorre à argumentação por incompatibilidade, ou seja, alerta para a impossibilidade de duas condições poderem agir em simultâneo (neste caso: a rapidez e a perfeição). Uma outra estratégia que utiliza é a substituição de uma unidade lexical por outra ("depressa" por "muito"). Esta substituição faz sentido pela sua adequação contextual, pois, o novo elemento "muito" refere-se ao "apoio do governo". Neste caso, a substituição não altera a ideia original do provérbio, antes a revitaliza.

Mesquita Montes, no artigo intitulado "CDS/PP...", comenta a ideia de que continua a existir de que o CDS/PP é o "partido dos ricos" e que, pelo facto de ser um partido pequeno, muita gente pensa que votar nele é como que um voto perdido. Então o autor do artigo argumenta que o partido em causa contribuíu para a "estabilidade do País", pela posição que tomou, relativamente ao Orçamento de Estado e pelas "alterações de carácter social, especialmente dirigidas ao mundo rural" que consegue do governo. E refere: "estas, são duas provas irrefutáveis de que também os Partidos «se não medem aos palmos»". (A Voz de Trás-os-Montes, 17 de Fevereiro).

Neste caso, à semelhança do anterior, o autor do artigo, recorrendo ao provérbio «Os homens não se medem aos palmos», procede à sua modificação em contexto, substituíndo o vocábulo "homens" pelo vocábulo "partidos". Embora o enunciador do provérbio o tenha distorcido a nível lexical, respeitou a sua estrutura formal, fazendo uma manipulação criativa do mesmo, para convencer o leitor a votar no partido em causa.

M. Hercília Agarez, num artigo de opinião intitulado "A vingança serve-se com SHOPPING",, começa por criticar os "atentados urbanísticos" de Vila Real, compara-os com obras de outras cidades e, dirigindo-se a Vila Real comenta: "Sossega. Ri melhor quem ri no fim. Ver-te-ás, em breve, guinada a cidade de 4 (ou 5?) estrelas, quando se abrirem as portas da verdadeira catedral de consumo já baptizada com o pomposo nome Douro Shopping Center...". (Notícias de Vila Real, 29 Março).

A autora do artigo apoia-se no provérbio «A vingança serve-se fria» para proceder à sua manipulação criativa, que consiste em substituir a palavra "fria" pelas palavras "com SHOPPING". Não obstante ter distorcido a segunda parte do provérbio, a sua enunciadora destaca o elemento surpresa usando maiúsculas.

Relativamente ao segundo provérbio «O último a rir é o que ri melhor» a autora do artigo troca a ordem directa dos elementos. No entanto, não se verifica qualquer alteração no que concerne ao seu significado. A combinação destas duas técnicas reforça a vontade de estabelecer uma cumplicidade irónica com os leitores.

Numa carta de um leitor intitulada "Peões em perigo" denuncia-se uma situação de ausência de passeios numa zona perigosa da cidade e termina assim: «de quem é a culpa? Será que de ninguém e, como sempre, morre solteira?" (Notícias de Vila Real, 29 Março).

Neste caso, o autor do artigo, ao comentar a ausência de passeios, que poderá provocar acidentes graves, emite um juizo de valor negativo sobre a situação, servindo-se de uma forma original da utilização do provérvio «A culpa morreu solteira». Ao utilizar a forma interrogativa[62], o autor do artigo tenta fazer um apelo à consciência dos responsáveis por tal situação. Assim, ao questionar o culpado, obriga o interlocutor a reflectir sobre o problema e a tomar partido no conflito que se poderá gerar.

"Nem só de vinho vive o Douro: Os outros recursos da agricultura duriense". Este é o título de um artigo que nos dá conta de um encontro que teve lugar na Casa da Calçada, integrado no Ciclo "O Douro em Debate", em que se falou sobre a necessidade de valorizar a variedade das culturas existentes e explorar outras alternativas. (Notícias de Vila Real, 29 Março).

O autor deste artigo serve-se do provérbio «Nem só de pão vive o Homem» para apoiar a afirmação que pretende realmente transmitir. O autor recorre à substituição de "pão" por "vinho" e de "Homem" por "Douro", baseando-se, portanto, em imagens convencionais, cuja validade é reconhecida por toda a comunidade linguística.

Nestes casos, os enunciadores dos provérbios recorreram, deliberadamente a efeitos expressivos como: substituição; adição; supressão; alteração da ordem, dos elementos do provérbio, entre outros. Algumas dessas alterações afectam o equilíbrio e a estrutura dos componentes do texto proverbial. No entanto, os efeitos expressivos[63] que resultam dessas modi-

---

[62] A este propósito Anscombre e Ducrot, (*L'argumentation dans la langue*, Liege: Pierre Mardaga, Editeur, 1988: 149), referem: "Nous avions reconnu dans l'énoncé interrogatif trois éléments sémantiques: une assertion préalable, l'expression d'une incertitude sur le contenu asserté et une demande de réponse; la valeur argumentative repose sur l'expression d'incertitude."

[63] A este propósito, Gloria Corpas Pastor, (*Manual de Fraseología Española*, Madrid: Editorial Gredos, 1997: 257), refere: "En primer lugar, todas estas modificaciones implican la defraudación de expectativas, la introduccion del elemento sorpresa y la ruptura de un sistema estable. Tales rupturas persiguen un fin único: llamar la atención del lector hacia la forma y el significado de la unidad originaria, haciendo al texto más interesante, más evocador."

ficações podem actuar de forma tão (ou mais) persuasiva como o próprio provérbio, pelo efeito do elemento surpresa.

Um outro aspecto que considerámos interessante sublinhar é a utilização de fórmulas introdutórias[64] do provérbio, como: "sempre ouvi dizer", "como diz o ditado", "como diz o povo". Através destas expressões, o seu enunciador procura persuadir, usando uma verdade consensualmente aceite, baseada na experiência e na sabedoria acumulada do povo. Servindo-se, portanto da *Vox Populi*, o enunciador do provérbio integra-o na sua própria prática paremiológica enquanto manifesta a sua posição relativamente à avaliação colectiva do mesmo. Eis alguns exemplos que retirámos dos jornais consultados.

No artigo intitulado "Bola muito mal tratada", ao comentar o jogo entre Parada de Cunhos e Vassal, o comentador refere as oportunidades desperdiçadas de uma das equipes e afirma: "Mas como diz o ditado «água mole em pedra dura, tanto bate até que fura» eis que o esperado golo surge ao 80 minutos...". (A Voz de Trás-os-Montes, 13 de Janeiro)

O autor do artigo, atribuindo uma certa autoridade ao provérbio «água mole em pedra dura, tanto bate até que fua», ao utilizar a expressão "como diz o ditado", põe em evidência o valor da persistência.

Armando Moreira nos seu artigo intitulado: "Reis... e, reizinhos", refere-se à Festa dos Reis em Vila Verde. Remetendo os leitores para a figura dos Reis Magos, apresenta a sua opinião sobre o poder. E, utilizando o provérbio «Se queres conhecer o vilão, mete-lhe a vara na mão» acrescenta "diz o nosso povo, na sua sabedoria popular. A vara é o poder. E quem não sabe exercê-lo torna-se vilão." O autor continua o artigo, explicando: "São os Reizinhos com que topamos a cada passo: pessoas que

---

[64] Ana Cristina Macário Lopes (*Texto Proverbial Português- Elementos para uma análise semântica e pragmática*, Coimbra, 1999: 401-402), relativamente a este facto, de uma forma sintética faz a seguinte apreciação: "No que diz respeito à forma de integração do provérbio, há duas possibilidades: os provérbios podem ser citados sem qualquer alusão ao seu estatuto de texto proverbial, sendo no entanto, reconhecidos como tal pelo locutário porque pertencem a uma gama de textos estereotipados armazenados na memória colectiva; podem também ser introduzidos no discurso de uma personagem através de fórmulas do tipo 'como diz o provérbio', 'lá diz aquele ditado', 'pois diz o rifão', 'diz bem o adágio antigo', ou então 'sempre ouvi dizer que', 'o certo é que', 'pois diz o rifão', 'bem dizia a minha avó'. Nestes casos é mais evidente e marcada a distância entre locutor e enunciador; explicita-se o recurso ao repositório da sabedoria tradicional para fundamentar uma tomada de posição. Assim, as expressões introdutórias, para além de sublinharem claramente o estatuto de citação do texto proverbial, revelam a aceitação do provérbio como argumento de autoridade."

exercem determinadas funções, por eleição, por nomeação, por designação, ou por outra forma qualquer, mas que não se coíbem de usar o seu poder amesquinhando, apoucando, ferindo mesmo, quantas vezes, com ou sem intenção". (A Voz de Trás-os-Montes, 13 de Janeiro)

O mesmo autor inicia o artigo "Rurais: os coitados do OE" com o provérbio «Com papas e bolos, se enganam os tolos» e acrescenta: "diz o povo na sua secular sabedoria. É o que ocorre pensar, numa primeira leitura, da forma como foi conseguida a negociação para viabilizar o Orçamento de Estado para o ano em curso". O autor, comentando as medidas políticas do actual governo tenta demonstrar aos leitores a sua preocupação pela desertificação do mundo rural que continua a ser ignorada pelo governo. (A Voz de Trás-os-Montes, 24 de Fevereiro)

Nestes dois casos, as expressões que apoiam os provérbios: "diz o nosso povo, na sua sabedoria popular" e "diz o povo na sua secular sabedoria" cumprem uma função fática, na medida em que são utilizados para reforçar a identidade do grupo. Nelas está contido o reforço da consciência colectiva de determinados valores e costumes do "povo"[65], que se encontra defraudado pelo abuso de poder (no primeiro caso) e a falsidade no segundo. São estas irregularidades que o autor pretende denunciar.

Um artigo intitulado "Novo Bispo", que versa sobre a nova nomeação pelo Vaticano de um novo Bispo para Lamego (D. Jacinto Botelho), após um período longo sem bispo, refere que "...não deixa de ser considerado um grande desafio, em virtude de, sendo daqui natural, D. Jacinto encontrará para resolver muitos problemas que se arrastam, com a carga do velho ditado popular de que «Santos da casa não fazem milagres»". (Notícias de Vila Real, 2 de Fevereiro)

Castro Rua, no artigo de opinião intitulado "Novo Ano sem Bug – que tragédia!!" adapta o provérbio «Homem prevenido vale por dois» para «português prevenido vale por dois», referindo-se à preocupação geral com o Bug e o trabalho desenvolvido ao longo de quase três anos, o autor termina o artigo da seguinte forma: "Como diz o ditado, português prevenido vale por dois". (A Voz de Trás-os-Montes, 6 de Janeiro)

Podemos afirmar que os elementos persuasivos que os autores destes dois últimos artigos utilizam se enquadram num modelo de pensamento

---

[65] Mário Vilela (*Gramática da Língua Portuguesa*, Coimbra: Livraria Almedina, 1999: 498) explica este método de argumentação da seguinte forma: "Na argumentação parte-se de algo que é conhecido e tido como condição suficiente para desencadear algo que é imposto por força do enquadramento criado. O fundamento das premissas é o facto de os participantes aceitarem algo como um dado adquirido por todos."

54 Os textos tradicionais na aula de português: os provérbios

estruturado pela lógica. Este modelo remete-nos para os silogismo de Aristóteles[66]. Assim, no primeiro artigo temos como primeira proposição (premissa) «Santos da casa não fazem milagres»; segunda proposição (premissa) "D. Jacinto Botelho é da casa"; terceira proposição (conclusão) "D. Jacinto Botelho «não faz milagres»". O autor aplica uma norma geral, veiculada pelo provérbio, ao caso concreto do Bispo D. Jacinto Botelho, para tirar a conclusão do grande desafio que o Bispo terá de enfrentar. No segundo artigo temos: «Homem prevenido vale por dois» (primeira proposição); "português é homem" (segunda proposição); "Português prevenido vale por dois".

José de Abreu, num artigo de opinião intitulado "Correios, uma instituição que honra o país", após ter dedicado algumas palavras de louvor aos correios de Amarante, pela eficiência do seu trabalho escreve: "mas, «não há bela sem senão» é um provérbio cá da nossa terra para manifestarmos que não são só rosas no caminho a enfeitar as nossas vidas. É que, para um volume de correspondência e serviços a que nos referimos, não temos mais que um balcão, uma casa aberta, um sítio nas nossas ruas. E a cidade é grande…". (A Voz de Trás-os-Montes, 17 de Fevereiro)

Os argumentos que o autor do artigo utiliza para elogiar os serviços reforçam a sua credibilidade através da enunciação do provérbio «Não há bela sem senão», acompanhado da explicação que se inicia com "é um provérbio cá da nossa terra" procura denunciar um problema real (escassez de balcões dos Correios distribuídos pela cidade). A força persuasiva desta mensagem situa-se também na explicação que apresenta do provérbio utilizado. Portanto, o provérbio aqui serve como uma mola activadora para tocar os espíritos visados.

M. Hercília Agarez, no artigo intitulado "Nem típica, nem ilustre, simplesmente ÚTIL", após alguns comentários favoráveis às Tertúlias quinzenais que se realizam no Museu de Vila Real, sobre vários temas, recorda aos leitores a existência da Srª Lucinda Chiscaria (parteira). A autora termina o artigo com a "recomendação" de que se não perca tempo com os "que levam uma existência inútil, exibindo o seu ócio pelas ruas (…). Diz a expressão popular que dos fracos não reza a história. Eu acrescentaria – dos parasitas também não." (Notícias de Vila Real, 15 de Março)

---

[66] Segundo Aristóteles, fundador da lógica, um silogismo é constituído por três proposições: as duas primeiras a que dá o nome de "premissas" e a terceira a que chama "conclusão". Lionel Bellenger (*L'argumentation, principes et méthodes*, Paris, 1988: 24), explica em que consistem os silogismos práticos de Aristóteles: "on applique une norme générale jouant comme majeure à un cas concret qu'énonce la mineure pour en tirer une conclusion normative ou impérative."

Através do provérbio «dos fracos não reza a história», a sua enunciadora liga dois factos consumados: a importância que se atribui a determinados indivíduos que não prestam qualquer serviço à comunidade (os parasitas/fracos) e a falta de desvelo para com aqueles que são verdadeiramente úteis (neste caso a "Srª Lucinda").

Um artigo assinado por MJS, intitulado "Desafio de Palavras – Hospital de Veterinária da UTAD" refere as alterações nos horários de funcionamento do referido hospital (redução das horas de atendimento) e prossegue: "como diz o velho ditado: «Mudam-se os tempos, mudam-se as vontades»". (Notícias de Vila Real, 5 de Janeiro)

Neste caso, o autor do artigo utiliza o texto proverbial associado a uma situação que considera incorrecta (a alteração do horário de atendimento). Portanto, o provérbio assume o poder de carga negativa no contexto da situação que ilustra, servindo como refutação relativamente às decisões tomadas.

Para além dessas expressões introdutórias apoiadas pela *Vox Populi*, que acabámos de verificar nos artigos citados, há outros elementos que facilitam a integração do provérbio num outro texto, são os conectores bastam. Os mais frequentes são: "mas", "porque", "pois", "porém", etc..

José Gomes escreve um artigo em que refere ter sido alvo de suspeições no exercício das suas funções como Presidente da Câmara de Murça e relativamente à sua honra, por parte de Aníbal Pereira, candidato à autarquia. Após alguns comentários detalhados sobre o assunto, refere o autor do artigo: "Volvidos dois anos, e porque mais vale tarde do que nunca, o então candidato à presidência da autarquia (…) caiu em si e vem agora retratar-se publicamente (…) declarando não ter sido sua intenção, à data, atingir a minha honestidade ou honorabilidade pessoal, nem mesmo a função de Presidente da Câmara Municipal de Murça." (A Voz de Trás-os-Montes, 24 de Fevereiro)

Os conectores "e porque" são integrados numa estrutura argumentativa em que, após a apresentação do factos de ter sido "alvo de suspeição", o autor do artigo introduz o provérbio como uma tese que apoia o desenlace dos resultados que pretende demonstrar (as desculpas públicas que o seu "adversário" apresenta).

Castro Rua, no artigo de opinião intitulado "A Justiça mais uma vez na berlinda" afirma que o PSD insiste para que o Procurador Geral da República se afaste. No entanto, o autor do artigo comenta que quando o referido partido esteve no Governo, o dito Magistrado estava no lugar, "sem nunca nenhum dos que agora têm vindo a pedir o seu afastamento se tenha manifestado em tempo oportuno e no devido tom. Bom, mas mudam-

-se os tempos mudam-se as vontades e o que ontem era entendido de sim, hoje é de não, e amanhã pode ser novamente sim." (A Voz de Trás-os--Montes, 24 de Fevereiro)

Neste caso, as afirmações que o articulista faz revestem-se de uma conotação negativa, de onde se pode deduzir que o referido partido revela uma atitude incoerente relativamente à posição do Procurador Geral da República. Neste sentido, o conector "mas" vem acentuar as informações apresentadas no raciocínio anterior, sugerindo a confirmação do provérbio «mudam-se os tempos mudam-se as vontades».

Isabel Santos, no artigo intitulado "Acidentes infantis", refere "É urgente e necessário repensar o espaço onde se desenrola a vida de um novo ser, redobrar de atenção e cuidados, pois «vale mais prevenir que remediar», prevenir para que o acidente não aconteça com a elevada frequência com que infelizmente acontece entre nós." (Notícias de Vila Real, 1 de Março)

O conector "pois"[67], funciona como elemento conclusivo, reforçando o valor pragmático do provérbio «vale mais prevenir que remediar». Este conector ajuda a fundamentar a validade da asserção apresentada em forma de conselho.

Joaquim de Carvalho, num artigo sobre Mondim de Basto, critica o facto de não existir uma linha divisória de competências entre as Câmaras Municipais e as Juntas de Freguesia e acrescenta: "porém, como «um mal nunca vem só», quis o bairrismo, doentio e partidariante ampliar estes mesmos malefícios por todo o país". (A Voz de Trás-os-Montes, 17 de Fevereiro)

O articulista reforça a carga negativa do provérbio «um mal nunca vem só» introduzido no texto através do conector "porém". Neste caso, o enunciador do provérbio remete-nos para a sua validade aplicada à situação actual, acentuando a conexão entre um e outro, através da partícula "como".

Outro aspecto que nos pareceu importante verificar foi a posição que o provérbio ocupa e que funções desempenha, mediante essa posição[68].

---

[67] Ana Cristina Macário Lopes (*Texto Proverbial Português- Elementos para uma análise semântica e pragmática*, Coimbra, 1999: 408), a propósito do conector pois, refere: "pois parece-nos ser um conector pragmático, já que opera sempre um encadeamento ao nível dos actos ilocutórios, introduzindo um acto de justificação relativamente a um acto linguístico anteriormente realizado."

[68] A este propósito, Mário Vilela (a publicar) afirma: «(…) A sua função varia com a posição do enunciado: na posição intermédia tem a função clássica do provérbio, que é a de argumento discursivo; se no título, procura atrair a atenção e resumir o conteúdo do

Assim, procedemos ao levantamento dos provérbios que ocupam a posição de título/sub-título, de comentário e de conclusão. Os resultados desse levantamento constam no gráfico A.

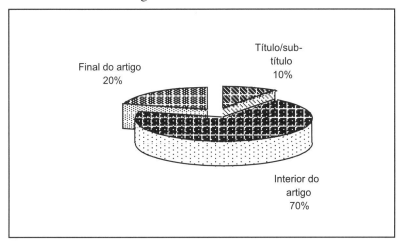

gráfico A

Como podemos verificar, a grande maioria dos provérbios surge integrada nos comentários, seguido dos títulos e sub-títulos e das conclusões dos artigos. Passaremos a apresentar alguns exemplos para cada caso.

1. O provérbio como título

«Nunca é tarde» é o título de uma notícia sobre a publicação de mais um número da revista, do Centro Educativo de Chaves do Ensino Recorrente, intitulada com o próprio provérbio. Neste caso, o provérbio surge como um verdadeiro anunciador da notícia. (A voz de Trás-os Montes, 13 de Janeiro)

---

texto por meio de uma fórmula conhecida, estabelecendo uma certa convivência com o destinatário. E é esta última a que ocorre normalmente. Em posição final, parece corresponder ao desejo de fechar o discurso de uma forma ritualizada e com elegância. Esta posição não é neutra: *in cauda venenum.*»

"Brincar com Fátima é o mesmo que brincar com o fogo: quem o faz acaba sempre por ser queimado na fogueira onde se lançou!". Este é o título de um artigo de A. Espírito Santo. Como podemos verificar, o autor do artigo faz uma analogia com o provérbio «Quem brinca, com o fogo acaba sempre queimado». Referindo-se ao livro "Fátima nunca mais", da autoria do padre Mário de Oliveira afirma: "foi, não tenhamos dúvidas, um livro lançado ao insucesso e nem sequer o vimos nos escaparates das livrarias, nem merecer a atenção dos que, como nós, sempre acreditámos em Fátima!". O provérbio não só anuncia o comentário, como também resume uma ordem moral consensualmente aceite. (A voz de Trás-os--Montes, 3 de Fevereiro)

"Candidatos a novas frequências da rádio esperam e desesperam". Este é o título de um artigo que versa sobre a morosidade da apresentação dos resultados do Concurso Público que visa a atribuição de Alvarás para o Exercício das Actividades da Rádio-difusão Sonora. O autor faz a modificação do provérbio «Quem espera, desespera» para destacar a importância do assunto e provocar a curiosidade do leitor. (A voz de Trás-os-Montes, 24 de Fevereiro)

"Águas mil nas torneiras da Régua". O autor deste artigo alude à falta de água que se tem sentido na Régua e anuncia as medidas que brevemente serão tomadas para o abastecimento e a melhoria da sua qualidade. Embora o provérbio não seja apresentado na sua forma-padrão, serve para descrever a resolução de um problema fundamental para a população, funcionando como a síntese do artigo. (A voz de Trás-os-Montes, 16 de Março)

2. O provérbio no interior dos artigos

Isabel Santos no artigo intitulado "Acidentes infantis" refere-se aos acidentes resultantes de várias atitudes e comportamentos incorrectos das pessoas que rodeiam as crianças. Faz um apelo aos pais e afirma: "Se bem que, a falta de cuidado e de informação dos pais, é, em grande parte, responsável por um número elevado de acidentes infantis, também não é menos verdade que «no melhor pano cai a nódoa»". A autora continua o seu artigo, apelando para a actuação dos pais. (Notícias de Vila Real, 5 de Janeiro)

Podemos considerar que este é o género de argumentação pragmática. Este tipo de argumentação desempenha um papel muito importante no nosso quotidiano, pelo seu carácter utilitário. Através do provérbio «No melhor pano cai a nódoa», a autora do artigo pretende alertar os leitores, de uma forma pragmática, para as consequências negativas da falta de atenção para com as crianças.

Henrique Morgado, num artigo de opinião intitulado "A falta de Cultura Geral e o Insucesso nas Escolas", após comentar a grande dificuldade que os professores sentem para a consecução de determinados objectivos, devido à falta de conhecimentos básicos, da parte dos alunos, escreve "é certo que não se torna fácil ao professor fazer sentir ao aluno que «o saber não ocupa lugar», pois este entende que lhe ocupa o tempo requerido por actividades mais do seu agrado imediato. Contudo, é necessário provar-lhe que, quanto maior for a sua bagagem cultural, tanto mais facilidade terá em vencer ao longo da sua vida." (Notícias de Vila Real, 29 de Março)

O autor do artigo tenta argumentar de forma causal, justificando o insucesso escolar dos jovens pela falta de cultura geral. Partindo dessa causa, que justifica a sua opinião, à partida irrefutável, o autor "desafia" os professores para persuadirem os seus alunos a adquirir mais conhecimento, porque é uma verdade, consensualmente aceite que: «o saber não ocupa lugar».

António Teixeira Ferreira, no artigo intitulado "Pão quente a toda a hora" narra um episódio de um bêbado que encontrou na padaria e comenta: "(…) aconchegando o agasalho aos bancos do Jardim onde, por ventura com «Deus a pôr-lhe a mão por baixo», o pobre faria as horas que antecedem a modorice da ressaca…". (A voz de Trás-os-Montes, 17 de Fevereiro)

Neste caso, o autor do artigo acaba por modificar o provérbio para facilitar a sua inclusão sintáctica no enunciado. No entanto, esta modificação não altera a interpretação-padrão do mesmo. O provérbio funciona como o comentário irónico da mensagem.

3. O provérbio como conclusão

"Lembre-se que, mais uma vez, a prevenção é sempre o melhor remédio". É assim que termina um artigo de opinião de Carlos Almeida, intitulado "Herpes", sobre um problema de saúde, nomeadamente os Herpes. O articulista, inicia a sua exposição por definir os sintomas da doença, continua dando alguns conselhos para minorizar o problema e termina com o provérbio alterado «Mais vale prevenir que remediar». (A voz de Trás-os-Montes, 6 de Janeiro)

O provérbio surge em forma de um conselho geral ("a prevenção é sempre o melhor remédio") para um problema específico (herpes). Desta forma, o autor do artigo visa convencer o público da validade de todos os argumentos apresentados ao longo da sua exposição, levando o leitor a interiorizar as suas advertências, porque o assunto lhe diz directamente respeito.

Maria Florinda, no artigo intitulado "Divagações... escreve: "o sol na eira e a chuva no nabal". Após algumas considerações sobre as contradições do ser humano, a autora do artigo termina com o provérbio modificado «É muito mau de contentar quem quer sol na eira e chuva no nabal». (A voz de Trás-os-Montes, 3 de Fevereiro)

O provérbio resume todo o comentário, funcionando como mais um elemento na cadeia argumentativa que a sua enunciadora vai tecendo ao longo do artigo. Dirigindo uma crítica implícita a todos aqueles que nunca estão satisfeitos, a autora do artigo reveste o provérbio de uma função depreciativa.

«Sem ovos não se fazem omeletes». Esta é a conclusão de um artigo de S. Sousa, intitulado "Avisos e recados". O provérbio aparece precedido do seguinte comentário: "(...) Outro aviso que me parece de notar são as festas de Nossa Senhora dos Remédios. No ano jubilar de 2000, Ela não quer que fiquem por realizar. Marquemos já novo encontro para os dias 19, 20 e 21 de Agosto. Existe Comissão e podemos preparar nossas ofertas, porque «sem ovos não se fazem omeletes» (A voz de Trás-os-Montes, 16 de Março)

Apelando directamente para a colaboração de todos, o texto proverbial funciona, neste caso, como um consenso geral, aplicado a uma asserção específica (a realização das festas de Nossa Senhora dos Remédios). Neste caso, ele desempenha uma grande relevância situacional.

«Enquanto há vida, há esperança». Este é o provérbio que José P. utiliza para rematar o seu comentário sobre um Jogo de futebol entre o Avintes e o Régua. O provérbio surge no seguinte contexto: "(...) quanto a nós se a Régua não vencer o Paredes ficará já definitivamente arredado da luta pela manutenção, pois os seus adversários já estão com uma vantagem significativa, mas «enquanto há vida há esperança». (A voz de Trás-os-Montes, 30 de Março)

Neste caso, o comentador utiliza o provérbio como forma de incentivo à equipe da Régua, insinuando que é prematuro falar sobre os resultados finais. O carácter conclusivo que o enunciador do provérbio lhe confere, imitando a moralidade das fábulas, confirma implicitamente a sua validade universal.

"O tempo é o melhor juiz". José Eduardo Teixeira, no artigo de opinião intitulado "Responsabilidade" comenta as vezes que já fez referência à problemática da viabilidade e da aprovação de projectos pelos Municípios e termina o seu artigo da seguinte forma: "Afinal, as críticas que muitas vezes aqui escrevi relativamente a esta matéria (...) tinham um fundo de verdade que o legislador acabou por demonstrar. Nestas coisas de artigos de opinião, o tempo ainda é o melhor juiz". (A voz de Trás-os Montes, 17 de Fevereiro)

O autor do artigo tenta alicerçar a sua opinião sobre a problemática da viabilidade e da aprovação de projectos pelos Municípios, através do provérbio. Por um lado, confirma a validade do mesmo, apresentando-o como uma tese consensualmente aceite, por outro, resume a ideia que atravessa o comentário.

De todos os aspectos que aqui considerámos podemos concluir que a imprensa local, implícita ou explicitamente, ao transmitir determinados valores perduráveis, fá-lo de uma forma persuasiva. Quando um jornalista escreve um artigo e expõe a sua opinião, frequentemente recorre à argumentação para a sustentar. Tal como Aristóteles, Quintiliano e Cícero aconselhavam aos seus discípulos a adaptação dos seus argumentos ao auditório, em matéria argumentativa, a imprensa faz um grande uso de todas as suas formas, adaptando-as igualmente aos seus destinatários. Para tal, a escolha do vocabulário não é inocente e os provérbios, como elementos linguísticos aprovados e vulgarmente utilizados por toda a comunidade falante, constituem um inesgotável terreno na área da argumentação[69]. Citados na sua forma canónica, acompanhados por determinadas expressões, que funcionam como muletas para reforçar o seu carácter argumentativo, ou com adereços ao gosto do seu enunciador, os provérbios marcam a sua presença na imprensa, como comentários ritualizados.

---

[69] Lionel Bellenger (*L'argumentation – principes et méthodes*, Paris, 1988: 60) refere "Le recours aux proverbes, aux maximes et aux dictons en argumentation tient au fait qu'ils condensent une bonne part de la sagesse du monde, du fameux «bon sens». En conséquence, on parie qu'ils draineront l'adhésion. ils fixent l'éthique d'un discours (...) Les proverbes et les dictons laissent bien passer l'expérience de la vie et du bon sens. En tant qu'arguments ils sont concis, faciles à retenir, excitants pour les sens, drôles."

III. Uma leitura antropológica dos provérbios

Considerando os provérbios como signos de um sistema semiótico especial, ou seja, "sistema modelizante"[70] – estabelece-se, como objecto de estudo da semiótica, os modelos do mundo que o homem constrói, entendendo-se por "modelo" a representação – constituída por um número finito de elementos e de relações entre estes elementos – dos objectos modelizados. Assim, o idioma aparece como o primeiro agente estruturador do mundo, sendo as línguas naturais entendidas como o sistema primário. A modelização do mundo realiza-se, em qualquer sociedade, através da língua e de um determinado número de sistemas semióticos coexistentes e complementares que configuram a cultura de um povo. A arte, a religião, os mitos, o folclore, a literatura são, entre outros, os sistemas semióticos culturais que se organizam e se instituem a partir (e segundo os modelos) das línguas, sendo, por esta razão, considerados sistemas modelizantes secundários[71].

A língua e os sistemas semióticos culturais deixam transparecer a visão do mundo de uma determinada colectividade. Os provérbios, ao encarnarem uma atitude valorativa, condenando ou perpetuando determinadas condutas, reflectem a consciência colectiva dominante. Os provérbios são, como já atrás referimos, topoi ou determinadas verdades tidas como irrefutáveis. Como textos argumentativos (ou mesmo como nomeadores de uma realidade) veiculam valores indiscutíveis e constatações gerais aceites por todos.

Ao longo deste capítulo tentaremos abordar os provérbios numa perspectiva antropológica, no sentido de reflectir sobre a cosmovisão do povo português e a forma como ele organiza (ou organizou) mental e operativamente o seu mundo cósmico e social. Assim, analisaremos a interacção do nosso povo com o meio ambiente, a sociedade, a família e o sobrenatural, à luz dessas resenhas vividas.

---

[70] Noção apresentada pela primeira vez num simpósio organizado pela Academia das Ciências de Moscovo em 1962.

[71] AGUIAR e SILVA, Vítor, Teoria da Literatura, Coimbra: Livraria Almedina, 1987.

1. O homem e o meio ambiente

Todos os povos vivem num meio físico concreto determinado por características que influem no seu comportamento, nos seus costumes e, definitivamente, na sua cultura.

A contemplação do mundo físico incita-nos a reflectir sobre a ordenação do universo. As noções de ano, estações, meses, semanas, dias e noites são fundamentais na nossa vida e dão um sentido especial à concepção do mundo. A medição do tempo é feita pelos provérbios, através de uma fórmula mnemónica e lapidar: «trinta dias tem Novembro, Abril, Junho e Setembro, de vinte e oito só há um e os mais são de trinta e um». A sucessão dos dias é também visível no provérbio «Sábado cobrança, Domingo lambança, Segunda fartura, Terça ainda dura, Quarta pouco farta, Quinta faminta, Sexta esperança». Esta é uma concepção cíclica, imutável, dentro da qual se movem homens, animais, plantas e inclusivamente fenómenos físicos e meteorológicos, como o frio e o calor, a chuva e a seca, a tempestade e o arco-íris. Para descrever o equilíbrio no tempo, cada mês deve ter as suas características próprias, a que a sabedoria popular faz alusão «Janeiro geoso, Fevereiro nevoso, Março calmoso, Abril chuvoso e Maio ventoso, fazem o ano formoso», porque «uma invernia de Janeiro e uma seca em Abril deixam o lavrador a pedir». No meio rural, o ritmo de vida está (ou estava), em grande medida, regido por este sentido cíclico, sem ser repetitivo repete-se. Cada mês em si implica uma actividade, um trabalho, uma situação vital, o cultivo de uma notável pluralidade de plantas e as distintas etapas de preparação da terra, colheita, armazenamento e conservação dos alimentos. Mas nem tudo são nomeações, também há actividade e assim temos «Outubro revolver, Novembro semear, Dezembro nascer; nasceu um Deus para nos salvar; Janeiro gear, Fevereiro chover, Março encanar, Abril espigar, Maio engrandecer, Junho ceifar, Julho debulhar, Agosto engravelar, Setembro vindimar». Isto é, as actividades estão condicionadas pelo tempo. Para além das condições atmosféricas, o povo também nos ensina que a qualidade da terra tem muita influência nas produções agrícolas. Se, por um lado, «não há boa terra sem bom lavrador», também diz o rifão que «terra negra dá bom pão» e «terra que crie verdizela, não te desfaças dela».

Às condições meteorológicas e à qualidade da terra juntam-se alguns instrumentos que o homem construiu e que são muito valiosos, por exemplo: «quanto vale o carro e o carril? Tanto quanto a chuva entre Março e Abril». Portanto, «lavrador honrado, no Inverno prepara o carro», porque «quem não tem carro nem bois, ou lavra antes ou depois». As colheitas e os ciclos de reprodução dos animais marcam, com relógios biológicos, as tarefas humanas. Assim, por exemplo «porca com três meses, três semanas, três dias e três horas, bacorinho fora». Depois resta esperar, ser bom observador, ir controlando a sua alimentação, e seguir este conselho: «porco no S. João, meão, se meão se achar podes continuar, se mais de meão, acanha a ração». Se tudo correr pelo melhor, «em Janeiro um porco ao sol, outro no fumeiro». E não se trata simplesmente de uma atenção laboral. Muitos provérbios nos mostram como os partos e doenças dos animais provocam crises de extraordinária gravidade económica, não isenta de carga afectiva, que preocupa intensamente a família. Por exemplo, «quando morre o boi e a vaca, fica o demo em casa».

Toda a vida humana está envolvida nos provérbios. Dentro da lei da sobrevivência, o alimento tem lugar essencial. O facto de o homem se dedicar à criação de animais para consumo próprio, torna a sua alimentação muito variada. O povo português tem uma diversidade de provérbios para classificar alguns alimentos como: indispensáveis «carne que baste, vinho que farte, pão que sobre»; outros que se devem evitar, por exemplo «caldo de nabos nem o comas, nem o dês a criados»; outros imcompatíveis «batata e pão juntos dão má digestão» e «carne e peixe na mesma comida encurtam a vida»; outros ainda com poderes rejuvenescedores e nutritivos «o leitão e os ovos, dos velhos fazem novos», «pão mole e uvas, as moças põe mudas e às velhas tira as rugas», «queijo com pão faz o homem são», «uvas, figo e melão é sustento de nutrição», «quem come sopas com vinho, de velho se faz menino». O vinho tem também a capacidade de nos pôr bem dispostos, portanto, «se queres ser bem disposto bebe vinho nanja mosto» e combina muito bem com tudo, mas principalmente com alguns frutos, por exemplo «por cima de melão, vinho de tostão» e «com pêras vinho bebas; e que seja tanto, tanto, que elas andem de canto em canto». No entanto, não é conveniente exagerar porque, «onde entra o vinho sai a razão».

A confecção dos alimentos também tem alguns segredos a que os provérbios não são indiferentes. Assim, o caldo, por exemplo, deve ferver pouco, pois «caldo que muito ferve sabor perde» e deve ser acompanhado com pão, porque «caldo sem pão só no inferno o dão». A salada deve ser devidamente temperada «salada bem salgada, pouco vinagre, bem azeitada». O peixe também tem os seus segredos «o peixe deve nadar três vezes: em água, em molho e em vinho», dependendo da qualidade, a sua confecção também varia, por exemplo «sardinha bem salgada, bem cozida, mal assada» e «quem a truta come assada e cozida a perdiz, não sabe o que faz nem o que diz».

A caça e a pesca são, portanto, actividades que contribuem para a obtenção de alimentos e também não escapam às observações do povo. Estas duas actividades requerem uma certa técnica. Pois, «não se caçam lebres tocando tambor» e «o pescador apressado perde o pescado». Portanto, «para caçar, calar» e «quem quer pescar há-de-se molhar». Além disso, «nem tudo o que vem à rede é peixe» e questionando a qualidade dos alimentos, por exemplo «peixe de Maio a quem vo-lo pedir dai-o» e «das aves, boa é a perdiz, mas melhor a codorniz». Para além dos métodos e das preferências, é necessário saber escolher o fiel amigo, porque «cão de boa raça, se não caça hoje, amanhã caça». À falta de melhor «quem não tem cão, caça com gato», pois, quando se fala de caça tudo é possível, porque «mentiras de caçadores não as há maiores».

O ser humano não se dedica apenas ao trabalho, pois, «para quem trabalha fez Deus o descanso» e «há tempo para velar e tempo para descansar». Para além do descanso, as festas são uma constante na vida do povo português, porque «para ir à festa não há perna manca». Muitas vezes «o melhor da festa é esperar por ela» Durante essa espera comenta-se a anterior, prepara-se a que está para vir e assim se vai manifestando a consciência humana do passar do tempo. Esta forma de celebração da vida geralmente tem várias componentes. O mais importante, para começar é «em dia de festa, barriga atesta», o fogo de artifício também é imprescindível, aliás, «o foguete é na maré da festa», a música é outro elemento que não pode faltar, pois, «ruim é a festa que não tem oitavas». Como o dia é grande, há tempo para tudo, principalmente para dançar, porque, «nem na mesa sem comer, nem na igreja sem rezar, nem na cama sem dormir, nem na festa sem dançar». Estes momentos festivos são agradáveis para toda a comunidade, independentemente das diferenças individuais, porque «se os doidos fazem a festa, os sisudos gostam dela». Assim, através destes ritos festivos, os indivíduos vão afirmando a sua pertença à colectividade e esta, por sua vez, estabelece uma ligação com o divino. Pois, para além das diversões, também são muito importantes as promessas que se fazem ao longo do ano e se concretizam nessas cerimónias religiosas.

2. O homem em sociedade

Seja qual for a génese das sociedades humanas, todas têm certos traços em comum. O primeiro, e talvez o mais importante, é o seu funcionamento como unidade na luta pela existência, porque «a união faz a força» contra todos os inimigos. Todos temos consciência de que não é possível sobreviver aos perigos da infância, nem satisfazer as necessidades do adulto sem a ajuda e cooperação dos outros indivíduos. No entanto, em toda a sociedade existe a tendência de hierarquizar os seus membros em escalas de prestígio.

A consciência colectiva não fica indiferente a este facto. Vejamos como a voz do povo comenta as desigualdades ao nível da riqueza, do poder e do prestígio: «os homens são como os alcatruzes da nora: para uns ficarem cheios, ficam os outros vazios» e «com dinheiro à vista toda a gente é benquista». Porém, o dinheiro não é tudo, e diz o povo: «serve ao nobre, ainda que pobre, que tempo virá em que te pagará». Pois, «mais nobre é a pobreza honrada que a nobreza aviltada» e «pobre não é quem pouco tem, mas quem cobiça o muito de alguém». Contudo, «se a ser rico queres chegar, vai devagar». E o melhor é trabalhar, porque «o trabalho enriquece e a preguiça empobrece». Embora haja outras formas de enriquecer, por exemplo «para enriquecer, muita deligência e pouca consciência» mas, como «bens mal adquiridos vão como vieram», «quem quiser prosperar na vida, há-de ser deligente e gastar por medida». Apesar de tudo, nunca devemos esquecer que «riqueza a valer é saúde e saber», pois «quem tem saúde e liberdade, é rico e não o sabe».

Para além das desigualdades referidas, os provérbios evidenciam as que se prendem com as diferenças entre sexo e cultura.

Sem dúvida que a distinção anatomofisiológica dos seres humanos em homens e mulheres constitui a forma de classificação funcional de qualquer sociedade. Em todas as culturas existe uma diferenciação das funções que desempenha cada género. Em geral, as tarefas que se destinavam aos homens eram aquelas que requeriam mais força e agilidade física, como a caça, a pesca, a pastorícia, a guerra, etc.. Assim, a cultura popular refere que «o homem deve cheirar a pólvora e a mulher a insenso» e «homem barca, mulher arca».

Ao ficarem determinadas as ocupações e as actividades dos membros da sociedade, à base do sexo e da idade, fica implicitamente definida toda uma série de normas para a conduta individual nas suas relações com os demais. Desta forma, estabelece-se uma relação de supremacia masculina versus submissão feminina, como testemunham os provérbios: «a mulher e a cachorra, a que mais cala é a melhor»; «a mulher e o pedrado, quer-se pisado»; «o burro e a mulher, a pau se quer»; «onde canta galo, não canta galinha». Este tipo de tratamento torna a mulher dissimulada, como diz o provérbio «chora a mulher, dói-se a mulher, mulher enferma quando ela quer». Portanto, «em manqueira de cão e lágrimas de mulher não há que crer». Uma outra característica do ser feminino é a persistência, que geralmente a ajuda a conseguir o que quer, pois, muitas vezes «o que o diabo não pode, consegue-o a mulher» e «o que a mulher quer, Deus o quer». Ela também é vista como um ser interesseiro e maléfico: «tenha a minha mesa pão e seja meu homem um carvão», «do mar se tira o sal e da mulher muito mal».

Como as suas actividades se circunscrevem à casa e à família, espera-se que seja recatada, portanto «mulher janeleira raras vezes encarreira». A este recato, frequentemente, aparecem associadas a honra e a virtude: «mulher honrada, em casa, de perna quebrada» e «onde não há virtude, não há honra». Apesar de se saber que «para festas e feiras não há mulheres com manqueiras», segundo estas regras sociais «mulher que não perde uma festa pouco presta», pois, «para a donzela honesta, o trabalhar é festa». Portanto, «o homem na praça e a mulher em casa». Para além da praça, os lugares eleitos para o convívio eram o forno e a taberna: «no inverno forneira, no verão taberneira». Era aqui que se encontravam os grupos de amigos, formados por afinidades e interesses comuns.

Geralmente a formação de grupos baseia-se na idade e nos sexos, mas um outro princípio aglutinante para a sua criação é a habitação, que implica um intercâmbio de favores e certas normas de tratamento. Se para alguns, «a vizinhança é meia parentela» e é verdade que «quem tem bom vizinho não tem arruido», para outros, não é tanto assim, porque «quem com maus vizinhos vizinhar, com um olho há-de dormir e com o outro vigiar». Por isso, «com má gente é remédio muita terra de permeio», para evitar desordens.

Quando as relações se tornam conflituosas, a sociedade tem formas de estabelecer uma certa ordem interna que, pelo menos, garanta a convivência pacífica dos seus membros. Para isso é importante conciliar os costumes e as leis. Muitas vezes, na opinião do povo, os primeiros prevalecem sobre as segundas. Assim, «não valem leis sem costumes; valem costumes sem leis». O importante é que os indivíduos aceitem certas limitações à sua liberdade, permitindo assim o funcionamento de um sistema de relações sociais e a conservação das suas formas de vida e de cultura. E isso implica a existência de pautas de comportamento e o exercício de certo controle social que as mantenha vigentes e as sancione. Pois, como diz o provérbio «contente-se com o seu estado quem quiser viver sossegado», mas isso nem sempre acontece e muitos poderão ser os motivos que causam a desordem. Normalmente ela é provocada pelas diferenças psicológicas dos indivíduos, como diz o povo «cada um vê mal ou bem conforme os olhos que tem». Assim, algumas vezes a sua origem reside na inveja, porque «os invejosos sentem mais o bem alheio que o mal próprio»; outras vezes na ambição, pois, «o ambicioso porfia e não confia»; outras, na mesquinhez, por exemplo «o somítico avarento por um real perde um cento»; outras, nas tentações, porque «em frente da arca aberta, o justo peca»; outras ainda, nas más palavras, pois, por vezes «mais fere má palavra do que espada afiada». Por isso, «é bom às vezes calar, para discórdias evitar» e nunca nos esquecermos que «por mal não se leva um português, por bem levam-se dois ou três», portanto, «cortesia de boca muito vale e pouco custa».

Independentemente da origem da desordem, a sanção é, pois, a reacção social, frente a um modo de conduta infractor. O povo português tem um variado repertório de sanções, com distintos níveis de castigos, para manter as condutas individuais dentro da ordem estabelecida. Entre as mais frequentes estão: sanções satíricas, que actuam ridicularizando as condutas derivadas, por exemplo: «antes pobre honrado, que rico ladrão», «quem foi infiel uma vez, sê-lo-á duas ou três»; «não há geração sem rameira ou ladrão», «quem dá e torna a tirar, ao inferno vai parar», «quem ama a mulher casada, traz a vida emprestada», «quem anda em demanda, com o demo anda»; as sanções informais, que produzem o afastamento moral dos transgressores através de comentários e murmúrios da sua má fama, o que é muito mau, pois «perca-se tudo, menos a fama», porque «quem a fama tem perdida, morto anda nesta vida» e «a má chaga sara e a má fama mata», portanto, «a quem má fama tem, nem acompanhes nem digas bem».

As sanções são às vezes respostas espontâneas e desorganizadas, como diz o provérbio «onde as dão, aí se pagam» e «contra a força de vilão, ferro na mão», porque por vezes «juiz piedoso faz o povo cruel». Noutros casos existem procedimentos definidos e regulados, as chamadas sanções legais. Estas podem ocasionar a proibição da convivência com a comunidade, pois, «aquele que não vê lei, deve estar fora da grei» e «muitas vezes à cadeia é sinal de forca», por isso «mais vale pedir e mendigar que na forca espernear».

Tal como há sanções negativas (castigos), também existem sanções positivas (reconhecimentos). Destas últimas a mais notável e activa é a resposta emotiva dos demais às necessidades psíquicas do indivíduo. A necessidade de ter respostas, e particularmente das favoráveis, é universal e representa para o ser humano o estímulo principal de uma conduta socialmente aceite. O indivíduo adere aos costumes da sua sociedade pelo desejo de aprovação e pelo temor do castigo. Como temos consciência de que «uma passada má qualquer a dá» e «na cadeia e no hospital, todos temos um lugar», devemos ser prudentes, porque, «o seguro morreu de velho e D. prudência foi-lhe ao enterro». O velho provérbio «na terra onde fores viver, faz como vires fazer» está baseado nessa sensata observação, já que em toda a sociedade as coisas estão organizadas em função das pautas culturais da localidade e é conveniente agir em conformidade.

3. O homem em família

Apesar da variedade de padrões culturais no que se refere ao casamento e à constituição da família, alguns aspectos são universais. Todas as sociedades diferenciam as relações maritais de outro tipo de relações e todas encorajam a geração e a educação dos filhos. O amor ocupa um lugar muito importante na *voz do povo* «o amor e a morte vencem o mais forte» e «onde manda o amor, não há outro senhor». O casamento é o melhor e o pior, as opiniões dividem-se. Por um lado existe a visão negativa que o povo foi depositando em alguns provérbios, prontos a desencorajar os mais ousados: «casa-te e verás: perdes o sono e mal dormirás», «casarás, amansarás e te arrependerás». Outros provérbios veiculam uma visão muito positiva, porque «ave só não faz ninho», portanto, «casar, casar, quer bem, quer mal», pois, «quem não tem marido, não tem amigo» e «quem não tem mulher, de muitos olhos há mister». De qualquer forma, para quem acredita que «o casamento e a mortalha no céu se talha», o melhor é rezar muito, porque é um passo muito sério e o povo aconselha «antes de ir para a guerra, reza uma vez, antes de embarcar, reza duas e antes de casar, reza três», pois, «grandes desgostos e tormentos acompanham os maus casamentos». Para os que concordam que «melão e casamento são coisas de acertamento», o melhor é ir fazendo a selecção do cônjuge mais conveniente, com alguma antecedência, porque «quem casa muito prontamente, arrepende-se muito longamente» e «para mal casar, mais vale nunca maridar».

Os critérios de selecção, à luz dos provérbios, devem obedecer a determinadas normas, «casar e compadrar, cada um com seu igual», porque se ela tem mais riqueza a desordem é quase certa, pois, «em casa de mulher rica, ela manda e ele grita». Se possível «com teu vizinho casarás teu filho e beberás teu vinho», porque, «quem ao longe vai casar ou se engana, ou vai enganar». Para além destes critérios, no momento da escolha, outros há de igual ou superior importância que variam com a personalidade e os gostos de cada um. Assim, relativamente ao aspecto físico, dizem os provérbios: «bem torneada, não há mulher feia» e «homem barbado, homem honrado»; «mulher bonita, nunca é pobre» e «homem rico nunca é feio»; «mulher de bigode não é pagode» e «homem com fala de mulher, nem o diabo o quer»; «mulher sardenta, mulher rabugenta» e «homem de barba ruiva, uma faz, outra cuida»; «mulher barbuda, de longe a saúda» e «de homem assinalado, sê desconfiado». A componente psicológica também não escapou aos provérbios. Por exemplo: «mulher palradeira, fraca fiadeira» e «homem que bate no peito, velhaco perfeito»; «mulher louçã dar-se quer à vida vã» e «homem que zomba tem mau coração»; «mulher de janela diz de todos e todos dizem dela» e «fugi do gago na sua braveza, dos que andam sempre a rir e dos que assinalou a natureza». Mas, «mulher que sabe obedecer, em casa reina a valer» e «homem prevenido, a custo é vencido».

Enquanto se ponderam estas características, há regras culturais que concedem certas permissões aos homens e restrições às mulheres. Este facto está bem patente nos seguintes provérbios: «o amor ajuda os atrevidos»; «debaixo da manta, tanto vale a preta como a branca»; «com mulher louca, andem as mãos e cale-se a boca»; «meu filho virá barbado, mas nem parido, nem prenhado». No que respeita à mulher, as regras são diferentes: «mulher e horta não querem mais de um dono»; «mais vale ser mulher de ninguém, que amante de alguém»; «moura mexida, moura perdida»; «rosa caída não volta à haste».

A selecção é feita, após um período de namoro, com bons e maus momentos, pois, «arrufos de namorados são amores dobrados» e «por três dias de ralhar, ninguém deixa de casar». A idade é um factor muito importante para a tomada da grande decisão. Assim, «nem tão velha que caia, nem tão moça que salte», portanto «até aos vinte, evita a mulher, depois dos quarenta, foge dela». Pode haver pequenas excepções e antecipar-se uns anos, «porco de um ano, cabrito de um mês e mulher dos dezoito aos vinte e três». Portanto, «quem aos vinte não quiser e aos vinte e cinco não tiver, aos trinta venha quem vier», se bem que «quem quer casar sempre casou, se não com quem quer, é com quem calhou», porque «nunca falta um paspalhão para uma paspalhona».

Seguidamente vem um período de noivado, que não deve ser muito prolongado, pois, «noivado prolongado acaba desmanchado», porque muitas vezes há a interferência dos casamenteiros, que tanto podem actuar para encorajar o feliz desenlace, como para o dissuadir. Esta fase é, portanto, a preparação para a vida em comum, em que a mulher deve ir preparando o seu enxoval, porque «colcha feita, noivo à espreita». Chegado o dia da boda, a noiva é o centro das atenções «não há mulher formosa, no dia da boda, senão a noiva». A festa é para familiares e amigos, pois, «na morte e na boda verás quem te honra». Tem que ser uma festa bonita e farta, porque «não há casamento pobre, nem mortalha rica», por isso, «quem casa filha depenado fica». O dia passa, «filhos casados, cuidados dobrados» e uma nova vida espera o casal.

Relativamente à residência matrimonial, ainda que a casa dos pais seja suficientemente grande que possa recolher, debaixo do mesmo tecto, o casal com seus descendentes casados e os descendentes destes, «quem casa quer casa» porque «cada um na sua casa é rei». No entanto, como «toda a súbita mudança causa turbação», a relação com a nova família exige algumas cautelas. A adaptação tem que ser feita nos dois sentidos, para evitar conflitos. Como os mais comuns se geram entre sogra e nora, o povo aconselha: «lembra-te sogra que já foste nora» e a nora não deve esquecer que, muitas vezes, «para arrombar porta de ferro, não há como martelo de prata». No entanto estes conselhos nem sempre resultam porque, por um lado «quem em casa da mãe não atura, na da sogra não espere ventura», por outro, «parece sempre à vaca velha que nunca foi bezerra». Geralmente, estes conflitos reflectem-se na relação entre avós e netos. Assim, «os filhos de minha filha, meus netos são; os de meu filho sê-lo-ão ou não», por isso, «filho de minha filha, toma pão e senta aqui, filho de minha nora, toma pão e vai-te embora». Estas diferenças de tratamento, por sua vez, geram novos conflitos entre cunhadas, daí que muitas vezes «cunhadas são cunhas, entram com os pés e saem pelas unhas», portanto «cunhadas são unhadas». Quando isto acontece é caso para dizer que «é bem casada a que não tem sogra nem cunhada».

Normalmente a relação entre genro e sogros não é conflituosa. No entanto, este novo membro da família é muitas vezes interpretado como uma pessoa interesseira e dissimulada, como nos mostram os provérbios: «ao porco e ao genro mostra-lhe a casa e virão cedo», «o saco do genro nunca está cheio», «o amigo e o genro não te acham pelo Inverno», «no rosto de minha filha vejo quando o demo toma o meu genro». Perante esta falta de confiança, o povo português condena as heranças em vida, quando declara «quem dá antes da morte terá má sorte» e «quem se deserda antes que morra, precisa de uma cachaporra». Pois, «mais vale prevenir que remediar» e uma das necessidades psíquicas do nosso povo, e também universal, é a segurança a longo prazo. Graças à atitude humana de conceber o tempo como um contínuo, que se desenrola do passado e do presente para o futuro, as satisfações do presente não bastam, enquanto as do futuro permanecem inseguras, porque «o passado dá saudades, o presente dissabores e o futuro receios». Temos, portanto, necessidade constante de confirmar a nossa segurança. O mesmo sentimento do tempo que nos atormenta pelo que possa suceder, também nos permite a satisfação das

Uma leitura antropológica dos provérbios

necessidades actuais e tolerar as imcomodidades do momento, na esperança de recompensas futuras. Assim, «ver, prever, poder é viver».

Independentemente desses conflitos e depois de delimitadas as barreiras, à semelhança do que acontece no resto da sociedade, o núcleo familiar começa a funcionar como uma unidade económica de produção e consumo. Por isso, é necessário estabelecer uma divisão interna do trabalho. Esta divisão baseia-se no sexo e na idade dos membros da família. Assim, «enquanto o marido cava, deve a mulher fiar», «mulher à vela, marido ao leme», «homem reina, mulher governa». Na opinião do povo, não deve haver inversão das funções, pois, «na casa onde a mulher manda, até o galo canta fino» e «marido banana e efeminado depressa emparelha com o veado», e ainda, «onde a mulher reina e governa, raras vezes mora a paz». Desta forma, e como «tudo está no bem começar», «cada macaco no seu galho» e se alguma coisa correr mal «ao marido prudência, à mulher paciência».

A família cumpre uma série de funções básicas para toda a sociedade, daí a sua universalidade. Uma delas é a reprodução, que não é só biológica, de seres humanos, mas também de seres sociais. Esta função realiza-se no seio da família através da socialização e da aprendizagem. Esta célula básica da sociedade tem, portanto, a responsabilidade de transformar uma criança egocentrista e ignorante num ser social útil, ensinando-lhe costumes, normas, obrigações, direitos e formas de relacionamento e de sustento.

Sem dúvida que o nascimento e a educação dos filhos trazem consigo muitas responsabilidades, pois «filhos pequenos, dores de cabeça, filhos grandes dores de coração». O seu lento desenvolvimento nos primeiros tempos de vida, como ilustra o provérbio: «aos seis assenta, aos sete adenta, ao ano andante, aos dois falante», exige cuidados muito especiais. Na opinião do povo, compete à mulher o acompanhamento dos filhos e «boa teia fia quem seu filho cria», mas a educação tem os seus segredos e os provérbios são uma cartilha a consultar. Nesta área, a sabedoria popular transmite uma visão sempre actual e fornece conselhos muito úteis, por exemplo: «bom exemplo, meio sermão»; «casa de pais, escola de filhos»; «de tal ninho, tal passarinho»; «criaste, não castigaste, mal criaste»; «de pequenino é que se torce o pepino». Os pais estabelecem pautas de conduta como resultado das suas experiências, e transmitem-nas aos filhos pela instrução, evitando-lhes a necessidade de passar por muitas experiências, frequentemente penosas, até conseguirem os ajustes adequados. Se por um lado, aos olhos dos pais, nenhum filho tem defeitos, pois, «o escaravelho a seus filhos chama grãos de ouro», por outro «quem bem ama, bem castiga» e «moço que não é castigado, não será cortesão nem letrado». Portanto, o bom comportamento é sempre premiado, porque «bom porte, com boas maneiras, abrem portas estrangeiras».

A família perpetua-se ensinando aos indivíduos de cada geração as pautas culturais referentes à situação que se espera que tenham na sociedade. Assim, o indivíduo, sem deixar de ser um organismo distinto com as suas próprias necessidades e capacitado para pensar, sentir e actuar com independência, absorve o ensino. Dizemos ensino porque nele está incluído algo mais que a simples aprendizagem que dimana das experiências acidentais e não organizadas. A forma como o indivíduo responde a determinadas situações mostra, portanto, o que lhe foi ensinado «diz-me com quem viveste, dir-te-ei o que aprendeste».

4. O homem e o sobrenatural

O Génesis refere que Deus criou o Homem à sua imagem, mas com a queda, tanto o Homem como o Universo ficaram corrompidos. No entanto, apesar de o Homem ter sido expulso do Jardim do Éden e colocado no solo de onde fora moldado, continua a existir uma ordem cósmica e, pelo menos em teoria, um esquema teológico de pecado e salvação. A ideia universal de um Deus todo poderoso é a garantia dessa ordem.

Perante todos estes mistérios existe uma variação de crenças e práticas religiosas. Mas, a verdade é que independentemente das convicções de cada um, a religião funciona como um bálsamo para os problemas quotidianos, reduzindo ansiedades e inseguranças.

A visão do povo português, traduzida nos provérbios, sobre a intervenção dos deuses na vida do homem, é bastante variada. Por exemplo: «cada um trata de sí e Deus de todos»; «Deus é bom trabalhador, mas gosta que o ajudem»; «Deus faz o que quer e o homem o que pode»; «no lar em que não há crença, aparece a desavença». A crença na vida para além da morte é também um aspecto muito referenciado nos provérbios. Assim: «o céu é de quem o ganha e a terra é de quem a apanha»; «quem não morre, não vê Deus»; «todos os "améns" levam a alma ao céu»; «ama a cruz, que ao céu te conduz».

Paralelamente à presença de Deus no quotidiano do povo português, contrapõe-se a crença no Diabo e a voz do povo faz muitas vezes o confronto entre um e outro, repare-se: «Deus vê o que o Diabo esconde»; «quando Deus dá a farinha, o Diabo fecha o saco»; «mais tem Deus para dar que o Diabo para levar». Sem dúvida que deste confronto, Deus sai sempre vencedor, pois, «por um ponto perdeu o Diabo o mundo», por isso, «quem reza a Deus, não pede ao Diabo» e «mais vale um pão com Deus, que dois com o Diabo». Mas, muitas vezes, «por detrás da cruz está o Diabo» e no inconsciente colectivo português existe uma quantidade de seres diabólicos, contra os quais temos que lutar. E, como «para grandes males, grandes remédios», os provérbios não só traduzem essas super-stições, como também nos dão conselhos para combater essas forças do mal. Assim, não devemos atravessar as pontes de qualquer forma, porque «aos olhos tem a morte, quem a cavalo passa a ponte». Ainda que este-jamos muito zangados, não devemos rogar pragas a ninguém, a não ser que a razão esteja do nosso lado, pois, «as pragas dão duas voltas ao redor e metem-se no rogador», mas «pragas com razão, ao céu vão». Não é de bom conselho morar em casa de esquina, porque, «casa de esquina, grande tormenta e grande ruína». Devemos ter muito cuidado com os maus olha-dos, pois, «olho mau a quem viu pegou malícias». E, ainda que o deses-pero ou a revolta sejam fortes, «aos mortos e aos ausentes, nem os insultes, nem os atormentes».

Se para combater o mal, a voz do povo é tão criativa, para agradecer o bem de Deus, também tem bastantes conselhos a dar. Por exemplo: «quem canta reza duas vezes», «quem se arrepende, salva-se», «pecado confessado é meio perdoado» e «Graças a Deus muitas, graças com Deus poucas».

Ao longo deste capítulo tentámos reflectir um pouco sobre os provér-bios do ponto de vista antropológico e sociológico. A nossa intenção não foi verificar se os provérbios se enquadram nos valores da sociedade actual, ou se veiculam valores ultrapassados ou transhistóricos. O nosso principal objectivo foi evidenciar a forma como o nosso povo consegue transmitir um saber ancestral através desta economia verbal, que são os provérbios.

Tentámos demonstrar a forma como eles assinalam o percurso da vida como uma acção dramática em que a ordem do Universo depende da harmonia que se consegue estabelecer entre o homem o meio físico, o meio social e o sobrenatural. Optámos por abordar estas vertentes da vida humana porque nos pareceram as pautas estruturais mais básicas de qual-quer sociedade.

Por tudo o que ficou dito, parece-nos que negar a existência de uma filosofia popular, uma cosmovisão, ou um imaginário colectivo é negar as evidências. Pois cada povo vê o mundo à sua medida, ou melhor, «quem vê o seu povo, vê o mundo todo».

IV. Os provérbio no contexto familiar actual

No capítulo anterior tentámos abordar os provérbios do ponto de vista antropológico e sociológico e verificámos que estes enunciados conseguem alcançar níveis elevados de complexidade, pois, envolvem um saber popular e um conjunto de convicções, atitudes, hábitos e formas de vida muito peculiares. E, se os provérbios resistem ao tempo e são repetidos de geração em geração, é porque contêm elementos que dão respostas às nossas necessidades conscientes ou inconscientes.

Como educadores e professores de Língua Portuguesa, entendemos que nos compete promover a articulação entre a escola e o meio, unindo saberes colectivos. Assim, procurámos reflectir sobre o funcionamento e pragmatismo da língua e do universo cultural da comunidade a que pertencem os nossos alunos e verificar até que ponto essa transmissão é feita com sucesso. Neste contexto, decidimos levar a cabo um pequeno estudo, cujo objectivo é analisar a importância pragmática dos provérbios no ambiente familiar dos alunos de 2.º Ciclo do Ensino Básico da nossa zona escolar.

Subjacente ao nosso estudo há uma duplicidade de perspectivas: por um lado, verificar se os provérbios continuam a ter público receptor e transmissor que garanta a sua continuidade; por outro, proceder a uma relação didáctica dessas pequenas/grandes doses de cultura. Inventariar os provérbios mais conhecidos, alargar esse leque de conhecimentos e utilizá-los como um instrumento pedagógico, serão atitudes conducentes a desenvolver no aluno o apreço por essas expressões de cultura portuguesa. Essas atitudes são fundamentais se pretendemos contribuir para a preservação do património cultural da comunidade a que pertencemos.

Abordar em poucas páginas um tema tão complexo seria, com efeito, tarefa muito difícil. Daí que, por necessidade metodológica, se tenha tornado pertinente delimitar as fronteiras deste estudo. Assim, importará referir que a investigação se circunscreve apenas à população dos 312 alunos do 2.º Ciclo do Ensino Básico, que frequentaram a Escola Monsenhor Jerónimo do Amaral, durante o Ano Lectivo de 1999/2000. No sentido de enquadrar a população alvo, passaremos a uma breve caracterização da zona envolvente da referida escola.

A Escola Básica 2,3 Monsenhor Jerónimo do Amaral é um estabelecimento de ensino público e localiza-se na Freguesia de Mateus, Concelho de Vila Real. Esta escola acolhe a população escolar rural da margem esquerda do Rio Corgo e uma parte significativa da zona urbana da periferia. Por um lado, podemos considerar que se verifica a influência de um centro urbano do interior, onde existe uma Universidade, um Hospital Distrital e algumas empresas de pequena e média dimensão, e, por outro lado, a predominância do meio rural, em que impera o sector de actividade primário. Esta zona natural é bastante heterogénea em termos de relevo, solos e clima e o modo de vida das populações é também de grande diversidade.

Para uma melhor caracterização desta comunidade escolar podemos considerá-la dividida em três zonas distintas: aldeias do Douro (freguesias de: Folhadela, Ermida, Nogueira, Abaças e Guiães), região demarcada e ligada à produção do Vinho do Porto, em que a cultura principal é a vinha; aldeias de transição serra/cidade/Douro (freguesias de: Mateus, Arroios, Constantim e Andrães) e aldeias da serra (freguesias de: S. Tomé do Castelo, Justes, Lamares, Vale Nogueiras e Mouçós). Nestas duas últimas zonas a agricultura de subsistência é a dominante e verifica-se a migração sazonal para a zona do Douro. Muitas das crianças que frequentam esta escola contribuem, com o seu trabalho diário, para as tarefas agrícolas ou caseiras.

O gráfico **A** representa a distribuição da população inquirida pelas referidas zonas:

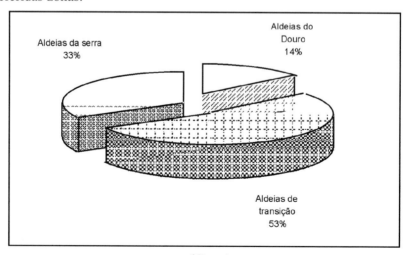

gráfico A

Para a consecução deste estudo foi elaborado e aplicado um inquérito, cujo conteúdo se encontrava direccionado para os objectivos visados. O procedimento foi simples: durante uma aula de Língua Portuguesa pediu-se aos alunos que respondessem ao inquérito e se abstivessem de falar, ou olhar para os inquéritos dos colegas.

A primeira parte do inquérito visava recolher dados relativos às seguintes componentes: sexo, idade, composição do agregado familiar e seu grau de escolaridade, para a caracterização geral da população alvo. A segunda parte do inquérito versava essencialmente sobre a frequência de uso e o conhecimento de provérbios no ambiente familiar.

Após a análise dos dados podemos então referir que, dos 312 inquiridos, 164 são do sexo masculino e 148 do sexo feminino, com idades compreendidas entre os dez e os quinze anos. Da totalidade dos alunos, 158 frequentam o 5.º Ano e 154 frequentam o 6.º Ano.

O agregado familiar da maioria dos alunos é composto pelos pais e irmãos, no entanto, 76 dos inquiridos referem viver também com os avós. As idades dos pais estão compreendidas entre os 31 e os 50 anos. Dos 312 alunos, 296 referem que ainda têm avós com quem a maioria mantém contacto diário. O grau de escolaridade dos avós e dos pais, na generalidade, é apenas o quarto ano.

Relativamente à segunda parte do inquérito, a maioria dos inquiridos declara que os provérbios são utilizados com alguma frequência e, como podemos verificar no gráfico **B**, quem mais os utiliza são os avós, seguidos das mães, dos pais, tios, outros e irmãos.

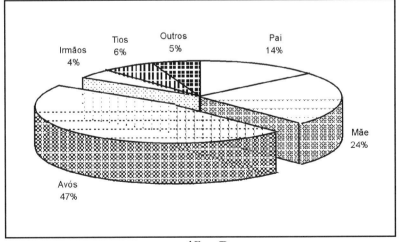

gráfico B

Podemos facilmente depreender que os avós têm um lugar de destaque na utilização de provérbios. Estes elementos familiares emblemáticos da "voz da experiência" são os transmissores, por excelência, dos saberes acumulados, construídos a partir da experiência prática e da sua interpretação do mundo que os rodeia.

No que concerne ao interesse que os provérbios suscitam nos alunos, podemos considerar que é bastante elevado. Pois, a maioria afirma que quando não compreende o significado de determinados provérbios, solicita esclarecimentos sobre o mesmo.

Relativamente à questão número dezassete do inquérito (vide anexos), que pede para indicarem cinco provérbios que oiçam com frequência, após a eliminação dos enunciados não proverbiais, apurámos 163 provérbios diferentes citados. Dos 312 inquiridos, 285 registaram os cinco provérbios que eram pedidos; 14 registaram 4 e 10 registaram 3. Portanto, só uma minoria pouco significativa de alunos registou menos de cinco provérbios. Partindo destes dados, podemos afirmar que a utilização dos provérbios no meio familiar destes alunos continua a ter bastante frequência.

A lista da totalidade dos provérbios recolhidos constará em anexo. No entanto, para a análise que seguidamente apresentamos, consideraremos apenas os vinte provérbios mais repetidos que estão reproduzidos no quadro I.

O facto de termos optado por apresentar apenas os vinte provérbios mais frequentes, prende-se com a nossa convicção de que eles são representativos da importância que assumem no ambiente familiar dos alunos. Pois, um provérbio citado 166 vezes, por exemplo, é também usado com maior frequência fora das circunstâncias do inquérito que um provérbio citado quinze vezes ou menos. Podemos, assim, concluir que os provérbios mais citados são os mais frequentes no quotidiano da maioria das crianças. Quotidiano esse marcado pelo trabalho da terra, que não tem nada de bucólico como poderão pensar os que vivem numa sociedade atordoada com os ruídos e cega com os resplendores artificiais das novas tecnologias.

Esta população é, de uma maneira geral, composta por pessoas que, azafamadas pela dureza da actividade agrícola e queimadas pelo sol, se sentem inseguras por vários motivos. Por um lado, pela grande responsabilidade de depender de sí próprios e do seu trabalho, por outro, pela dependência das condições climatéricas, que nem sempre são favoráveis. No entanto, convictas de que «grão a grão enche a galinha o papo» e «devagar se vai ao longe», tentam aguardar sem ansiedade o dia seguinte.

Um trabalho tão pouco rentável e à base de grande esforço e sacrifício torna os homens previdentes e pragmáticos, que não trocam o certo

PROVÉRBIO	CITAÇÕES
Grão a grão enche a galinha o papo.	166
Deitar cedo e cedo erguer dá saúde e faz crescer.	112
Devagar se vai ao longe.	110
É de pequenino que se torce o pepino.	105
Quem vai ao mar perde o lugar.	92
Deus ajuda quem cedo madruga.	54
Quem conta um conto acrescenta um ponto.	50
Mais vale um pássaro na mão que dois a voar.	47
Quem te avisa teu amigo é.	46
Água mole em pedra dura tanto bate até que fura.	36
Quem dá o pão, dá a educação.	33
Quem tudo quer tudo perde.	32
Quem desdenha, quer comprar.	30
Quem vê caras não vê corações.	23
Em Abril, águas mil.	22
Quem não arrisca, não petisca.	21
Quem vai ao vento, perde o assento.	21
Cão que ladra, não morde.	20
Um, dois, três, foi a conta que Deus fez.	20
Filho de peixe sabe nadar.	16

Quadro I – Resultados da questão n.º 17

pelo duvidoso, pois, «mais vale um pássaro na mão que dois a voar». De uma maneira geral também não são ambiciosos, porque «quem tudo quer, tudo perde». Portanto, não desprezam o que possuem pela quimera de conseguir o incerto. São pessoas resignadas, mas muito trabalhadoras, que não se deixam dominar pela preguiça, por isso sentem-se sempre recompensados, pois, «Deus ajuda quem cedo madruga». Essa ajuda poderá ser facultada através das condições atmosféricas favoráveis às colheitas, por exemplo «em Abril, águas mil», ou da saúde, que dependendo de Deus, também precisa do contributo do homem, que deve seguir determinadas normas. Uma delas é: «deitar cedo e cedo erguer dá saúde e faz crescer».

A religiosidade é, portanto, um aspecto inquestionável que pauta a organização da vida do ser humano. No centro de uma existência modesta, a crença cumpre a função de busca de segurança e os provérbios relativos a Deus, tão utilizados no meio familiar dos nossos alunos, revelam o pensamento de Pascal que refere «*Il n'y a rien sur la terre qui ne montre, ou la misère de l'homme, ou la miséricorde de Dieu; ou l'impuissance de l'homme sans Dieu, ou la puissance de l'homme avec Dieu*»[72]. Quando as condições de vida são adversas, é necessária uma certa persistência e correr certos riscos, porque «água mole em pedra dura tanto bate até que fura» e «quem não arrisca, não petisca». Portanto, com a ajuda de Deus, o esforço dos adultos e a colaboração das crianças, a sobrevivência vai ficando assegurada.

Sem dúvida que estes alunos colaboram nas tarefas agrícolas. Muitos deles são já autênticos mestres nestes trabalhos, porque até neste aspecto os adultos consideram que «é de pequenino que se torce o pepino» e «filho de peixe sabe nadar». No entanto, quando confrontados com alguma espécie de crítica por sobrecarregarem os filhos com essas actividades, há sempre um provérbio pronto a desmentir tal atitude. Se essa crítica vem de uma entidade exterior à comunidade, o provérbio: «quem conta um conto acrescenta um ponto» é o argumento mais adequado ao contexto. Se a crítica vem de alguém mais próximo, mas ousado, o provérbio: «quem dá o pão dá a educação» deixa qualquer um sem argumentos. Se a observação parte de um dos seus pares, parte-se do princípio que «quem vê caras, não vê corações» e por detrás da crítica pode estar escondido um sentimento de inveja, pois, «quem desdenha quer comprar» Então a resposta tem um cariz diferente, e os provérbios, nessas circunstâncias, são armas invencíveis.

Para além da participação activa das crianças nas actividades agrícolas, também é importante o seu sucesso escolar. Como nem sempre isto acontece, as ameaças são constantes, terminando geralmente com o provérbio «quem te avisa teu amigo é». Mas a frequência dessas advertências sem qualquer concretização já ensinou às crianças que «cão que ladra, não morde». Entre a vida escolar e a familiar sobra sempre algum tempo para as suas brincadeiras, em que os provérbios também marcam a sua presença. Assim, há jogos em que os participantes utilizam provérbios como: «quem vai ao mar perde o lugar», «quem vai ao vento perde o assento», «um, dois, três foi a conta que Deus fez», entre outros.

Relativamente à questão número 18 do inquérito tinha por objectivo estudar mais de perto o grau de conhecimento que os alunos possuem dos provérbio, através da produção de texto. Dos 312 inquiridos, 28 não regis-

---

[72] PASCAL, *Pénsées*, apresentado por Jean Guitton, Éditions Gallimard, Paris, 1962, p. 41.

taram qualquer texto. Não é possível determinar se este facto resultou de falta de motivação para a tarefa ou de outros factores.

Ao analisar esta questão constatámos que os dados da questão anterior são, em parte, corroborados pela escolha dos provérbios para a produção de texto (dos vinte provérbios mais citados na questão anterior, 14 serviram de tema para os textos). O quadro 2 apresenta os resultados dessa utilização.

PROVÉRBIO	ESCOLHAS
Grão a grão enche a galinha o papo.	28
Quem vai ao mar perde o lugar.	28
Devagar se vai ao longe.	22
Deitar cedo e cedo erguer dá saúde e faz crescer.	18
Quem te avisa teu amigo é.	17
É de pequenino que se torce o pepino.	13
Deus ajuda quem cedo madruga.	9
Quem tudo quer tudo perde.	9
Em Abril, águas mil.	8
Quem conta um conto acrescenta um ponto.	7
Quem dá o pão, dá a educação.	7
Tão ladrão é o que vai à horta como o que fica à porta.	6
Cão que ladra, não morde.	5
Não guardes para amanhã o que podes fazer hoje.	5
O que não tem remédio, remediado está.	5
A cavalo dado não se olha o dente.	4
Água mole em pedra dura tanto bate até que fura.	4
Não faças aos outros o que não queres que te façam a ti.	4
Quem se mete em atalhos, mete-se em trabalhos.	4
Quem vê caras não vê corações.	4

Quadro I – Resultados da questão n.º 18

As 288 respostas foram analisadas e classificadas em duas categorias: "significado conhecido" e "significado desconhecido". Desta última categoria constam os casos em que o aluno fornece uma interpretação não conforme o senso convencional. Os resultados figuram no gráfico C:

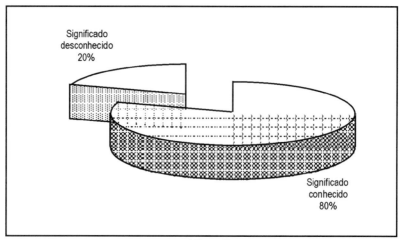

gráfico C

Perante estes resultados somos levados a referir mais uma vez que a compreensão do significado dos provérbios depende das competências do falante. Assim, a sua interpretação no discurso é condicionada pela interacção de diversos parâmetros, tais como: o reconhecimento da intenção comunicativa, o contexto situacional e o desenvolvimento das operações cognitivas de abstracção, generalização, inferências analógicas, etc., que facilitam a compreensão dos significados.

Estes aspectos são ainda mais relevantes quando se trata de crianças que se encontram na chamada fase da pré-adolescência, em que, de uma maneira geral, possuem uma inteligência voltada para o concreto, ou melhor, segundo as teorias de Piaget e Kohlberg, os alunos destas idades encontram-se na transição do estádio das operações concretas para o início do estádio das operações formais. Portanto, alguns dos inquiridos podem ainda não ter a capacidade de raciocinar de uma forma abstracta, o que não lhes permite considerar várias possibilidades ou perspectivas, nem entender o sentido conotativo[73] dos provérbios. Por outro lado, partindo do

---

[73] Eis o que Mário Vilela (*Gramática da Língua Portuguesa*, Coimbra: Livraria Almedina, 1999: 24) afirma sobre o significado denotativo e conotativo «(...) no significado denotativo e conotativo existem duas espécies bem diferenciadas de valores: a semântica é atribuída ao significante, a conotação é atribuída a todo o signo. Uma concepção estrita do significado ajusta-se melhor ao estabelecimento das relações do significado lexical com os significados sintácticos das construções: o significado denotativo é mais facilmente manipulável e aprendível.»

princípio que o desenvolvimento cognitivo impõe limites ao desenvolvimento do raciocínio moral, crianças cujo desenvolvimento cognitivo não seja ainda muito complexo, mais dificuldades sentirão na área do raciocínio moral, ao qual estão intimamente ligados os provérbios.

Assim, em certos casos, os alunos que não conhecem o sentido metafórico de determinados provérbios fazem uma interpretação literal dos mesmos. A título de exemplo, podemos citar alguns destes casos.

A propósito do provérbio «mais vale um pássaro na mão que dois a voar», um aluno conta uma história em que uma criança viu um pássaro poisado em cima de uma árvore então "(…) esticou a mão e apanhou o pássaro". Quando um colega lhe disse que podia ter apanhado outros dois que voavam, a primeira criança respondeu "(…) mais vale um pássaro na mão que dois a voar".

Um outro exemplo ilustrativo deste facto sobre o provérbio «Em tempo de guerra não se limpam armas», o aluno inventa uma história sobre um indivíduo que foi para a guerra e quando viu um batalhão dirigir-se a ele para o atacar "(…) pegou na sua arma para se defender e viu que esta estava suja, mas se a limpasse morreria por não ter tempo para se defender. Então defendeu-se e só depois limpou a arma".

Sobre o provérbio «A cavalo dado não se olha o dente», o aluno conta que um senhor quando faleceu deixou um cavalo a um sobrinho, mas o cavalo era lento e tinha os dentes feios. Algum tempo depois o cavalo ficou veloz e "(…) o homem começou a gostar do cavalo, mesmo com os seus dentes feios.

Os casos apresentados são apenas uma minoria, pois, 250 alunos (80%) mostraram conhecer o significado do provérbio que escolheram, como tema para o seu texto. Deste grupo de inquiridos, 170 alunos optaram por inventar uma pequena história que transmitisse a mensagem do provérbio, 40 preferiram descrever uma situação em que usaram o provérbio e 32 tentaram explicar o seu significado.

Passaremos então a referir alguns dos muitos exemplos que nos mostram as competências proverbiais desses alunos.

A propósito do provérbio «Quem vê caras, não vê corações», uma aluna redigiu um texto dirigido ao seu diário, referindo o facto de ter estado apaixonada por um rapaz muito bonito até um dia em que descobriu que o rapaz em causa era arrogante e não era tão perfeito como ela o imaginara. Então refere "(…) resolvi contar tudo à minha mãe e ela disse-me este provérbio que nunca mais esquecerei «Quem vê caras, não vê corações». A partir de agora terei mais cuidado com os meus amores".

Um outro aluno, optando por explicar o provérbio «A cavalo dado não se olha o dente», explicou: "a coisas dadas não se põem defeitos".

Sobre o provérbio «não faças aos outros o que não queres que te façam a ti», um aluno contou uma história em que um grupo de rapazes assaltou uma senhora de idade e dias depois estes foram assaltados por outras pessoas, então explica:" (...) eles sentiram o que a velhota sentiu e ficaram a saber que nunca devemos fazer aos outros o que não queremos que nos façam a nós".

Relativamente ao provérbio «Quem tudo quer, tudo perde», outro aluno escreveu uma pequena história em que um homem muito rico e muito egoísta, não tinha amigos, nem era feliz. Mas, um dia "uma pequenina fada bondosa e muito bonita" transformou esse homem numa pessoa boa, distribuindo os seus haveres pelos pobres. Então "ele ficou pobre, mas um pouco mais feliz".

Um outro aluno relatou um jogo de futebol em que um dos seus colegas, por querer jogar muito depressa com vontade de ganhar, estava a estragar o jogo. Então, o autor do texto diz ter alertado o colega com o provérbio «Devagar se vai ao longe».

Sobre o provérbio «Grão a grão enche a galinha o papo», um aluno explicou o seu significado assim: "este provérbio quer dizer que pouco a pouco, as pessoas vão aprendendo, fazendo as suas coisas e conseguindo o que querem".

Para o provérbio «Tão ladrão é o que vai à horta como o que fica à porta», um aluno explica "tão culpada é a pessoa que faz o mal, como aquele que sabe e não diz nada".

Para além das aptidões linguísticas e competências comunicativas que estes alunos revelam, através da produção de textos, em que o provérbio aparece contextualizado, o processo é muito mais complexo. Pois, as referências que estas crianças possuem radicam em situações conversacionais, em determinadas circunstâncias sócio-culturais, que implícita ou explicitamente vão veiculando determinados valores convencionais e até princípios éticos universais. Assim, podemos afirmar que os provérbios que ocorrem com mais frequência nos textos produzidos pelos alunos são o espelho dos conhecimentos, capacidades e valores que no seu ambiente familiar são definidos como válidos para lhe serem transmitidos. A partir desses textos, podemos inferir que a natureza humana é relativamente constante em certos aspectos e portanto, apesar da evolução social, económica e tecnológica, alguns valores permanecem imutáveis. Sem dúvida que na maioria desses textos se encontram bem explícitas atitudes de responsabilidade, participação, cooperação e solidariedade, que fazem parte de um código de conduta moral e cívica e continuam a ser as grandes questões que orientam a dimensão sócio-moral destes alunos.

Através do esquema que se segue procuraremos, de alguma forma, apresentar os valores que se encontram subjacentes aos provérbios eleitos pelos alunos e aos textos em que foram integrados.

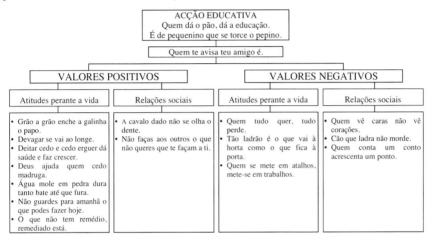

Como podemos verificar, através do esquema, os valores positivos convencionais como a prudência, a moderação e a perseverança são exaltados nos provérbios: «Grão a grão enche a galinha o papo»; «Devagar se vai ao longe»; «Quem te avisa teu amigo é»; «Quem se mete em atalhos, mete-se em trabalhos» e «Água mole em pedra dura tanto bate até que fura». A cooperação e o empenho estão bem patentes nos provérbios: «Deus ajuda quem cedo madruga» e «Não guardes para amanhã o que podes fazer hoje». A gratidão e a reciprocidade são visíveis em: «A cavalo dado não se olha o dente» e «Não faças aos outros o que não queres que te façam a ti». A resignação perante o inevitável figura no provérbio «O que não tem remédio, remediado está».

Se, por um lado está patente a glorificação dos valores positivos, em forma de conselho, também é visível a reprovação dos valores negativos como: a ganância, transmitida através do provérbio «Quem tudo quer, tudo perde»; os efeitos negativos das más companhias em: «Tão ladrão é o que vai à horta como o que fica à porta»; a imprudência, através de: «Quem se mete em atalhos, mete-se em trabalhos», a mentira em: «Quem conta um conto acrescenta um ponto» e a dissimulação em: «Cão que ladra não morde» e «Quem vê caras não vê corações».

Após as considerações expostas, passaremos a referir, de uma forma sucinta, alguns dos aspectos que consideramos de maior relevo.

Em primeiro lugar, temos consciência de que os resultados obtidos neste nosso estudo não podem ser generalizados à escala nacional, tendo em conta que estes não se basearam numa amostra aleatória nem representativa da população escolar de 2.º Ciclo a frequentar as escolas do Ensino público e privado do país. No entanto, no contexto actual das grandes mudanças no Sistema Educativo, os resultados deste estudo poderão constituir uma contribuição para a tarefa global da Gestão Flexível do Currículo. Pois, uma reflexão sobre questões como as que aqui foram abordadas é fundamental se se pretende gerir o Currículo de uma forma ajustada às necessidades específicas de cada escola, não descurando interesses de dimensão nacional como deverão ser as preocupações pela preservação do nosso património cultural.

Relativamente às questões que se prendem com a frequência de uso e o conhecimento dos provérbios no ambiente familiar dos nossos alunos, parece-nos poder concluir que os provérbios marcam aí uma presença activa. No entanto, o conhecimento do seu significado nem sempre é visível. Como já referímos, este facto deve-se ao grau de ambiguidade dos provérbios metafóricos e também à dificuldade de generalização e abstracção das crianças.

Em termos gerais, dois aspectos emergem de tudo o que ficou exposto: ainda que os alunos destas idades não possuam processos mentais muito complexos, que lhes permitam compreender o significado de determinados provérbios, é importante sensibilizá-los para a sua preservação, ameaçada pelos seus mais directos perdadores: as novas tecnologias, que de uma forma atraente vão ocupando o espaço que deveria ser reservado ao diálogo, através do qual se proporciona a transmissão destas preciosidades da língua. Esta preservação não deverá circunscrever-se apenas à sua "catalogação", como se de um inventário se tratasse, mas sim do seu uso, porque só assim poderemos afirmar, sem reservas, que os provérbios continuam vivos na nossa língua.

V. Os provérbios no programa e manuais de 2.º Ciclo

Actualmente, a escola vê-se confrontada com uma sociedade que, pelas suas características consumistas e mediáticas, prejudica os meios de identificação social e de integração cultural. É comum falar-se actualmente em multiculturalismo, interculturalismo, paridades culturais, etc.. Este facto obriga-nos a repensar qual a forma mais eficaz de orientar o processo de ensino/aprendizagem, tendo em conta os interesses do aluno, o que pretendemos transmitir e o objectivo a atingir.

Estes aspectos merecem particular atenção, pois trata-se de uma realidade efectiva – a realidade multicultural das nossas escolas – e urge enfrentar o desafio desta sociedade em permanentes conflitos, contribuindo para a pacificação das diferenças. Assim sendo, deveremos proporcionar aos alunos vivências e conhecimentos de sociedades e culturas diferentes, corroborando a sua identidade cultural e consciencializando-os do seu lugar no Mundo. Estas preocupações não se circunscrevem apenas à nossa situação, nem é uma visão de portugueses que pretendem afincadamente defender a sua cultura das agressões das culturas estrangeiras. Esta inquietação é geral. A UNESCO, em 1989, aprovou um documento[74] que versava sobre as preocupações culturais e as novas orientações, que seria necessário imprimir aos governos, no sentido de preservar e salvaguardar a cultura tradicional e popular. Este documento foi enviado às escolas, em 1997 (oito anos após), pelo Departamento de Educação Básica, acompanhado por uma espécie de declaração de intenções e das iniciativas a tomar, colocando em evidência o contributo que o ensino pode fornecer para esse fim.

Ainda neste sentido convém salientar outro documento intitulado *"Ensinar e Aprender Rumo à Sociedade Cognitiva"*[75]. Um dos seus objec-

---

[74] *Recomendação Sobre a Salvaguarda da Cultura Tradicional e Popular*, 25ª Conferência da UNESCO, Novembro de 1989.

[75] *O Livro Branco Sobre a Educação e a Formação na União Europeia*, Comissão das Comunidades Europeias, Bruxelas, 29 de Novembro de 1995, p. 12.

tivos gerais é "Dominar três línguas comunitárias". A propósito deste objectivo refere-se que:

> As línguas são também um ponto de passagem necessário para o reconhecimento dos outros. O seu domínio contribui portanto para reforçar o sentimento de pertencer à Europa, na sua riqueza e diversidade cultural, e a compreensão entre os cidadãos europeus.

O mesmo documento salienta ainda que se deverá construir uma sociedade de progresso, à dimensão da Europa, capaz de modificar a natureza dos acontecimentos e ao mesmo tempo preservar a sua identidade.

O interesse que o tema da identidade cultural suscitou nestes dois documentos mostra a preocupação que reina nos diferentes países, no sentido da união para uma base educativa comum. Não seria demasiado ambicioso afirmar que o estudo dos provérbios contribuiria também para facilitar a ancoragem à tradição e memória colectiva, do nosso povo e comum a todas as nações. Recorde-se, a este propósito a opinião de António Tomás Pires[76], citado por Gabriela Funk[77]:

> Deve necessariamente haver na natureza das cousas humanas uma lingua mental commum a todas as nações, a qual possa designar uniformemente a substância das cousas que participam a vida humana social, e acomodar-se a tantas modificações diversas como as cousas podem apresentar aspectos diversos. Effectivamente vêmos a substância dos provérbios, que são máximas de sciencia vulgar, serem as mesmas entre todas as nações antigas, e o seu aspecto variar segundo as diversas modificações d'estes povos.

Estas questões deveriam, portanto, suscitar o interesse no Sistema Educativo, deixando de encarar a escola exclusivamente como uma resposta à evolução social e tecnológica, para passar a ser também a protagonista no destino das nações, com a função de garantir a mediação cultural. Os programas escolares constituiriam, inevitavelmente, um campo de acção social e político no âmbito da identidade nacional e, simultaneamente, uma resposta às necessidades de formação dos alunos nas áreas do Saber, Saber Fazer e Saber Ser como apoio para a compreensão do mundo e a integração crítica e interveniente na sociedade.

---

[76] PIRES, António Tomás, *Origem de Várias Locuções, Adágios, Anexins, Etc.*, Elvas: Tipografia Progresso, 1928, pp. 84-85.

[77] FUNK, Gabriela, Ibid., p. 267.

Os provérbios no programa e manuais de 2.º Ciclo 91

Conscientes de que criticar o sistema educativo, nas suas múltiplas funções: social, económica, político-institucional e cultural, é utópico, inútil e corrosivo, não é nossa pretensão determo-nos sobre esses aspectos nem outros que se relacionem com a sua natureza ou organização geral.

O que nos interessa particularmente é reflectir acerca da sua função cultural, nomeadamente na sua vertente de transmissão de valores, modos de pensar e agir característicos do nosso povo, veiculados através dos provérbios.

Esta função cultural está consignada na Lei n.º 46/86, usualmente designada por Lei de Bases do Sistema Educativo (LBSE)[78], que refere como um dos seus princípios organizativos:

> Contribuir para a defesa da identidade nacional e para o reforço da fidelidade à matriz histórica de Portugal, através da conscienciali-zação relativamente ao património cultural do povo português, no quadro da tradição universalista europeia e da crescente interdepen-dência e necessária solidariedade entre todos os povos do Mundo.

Assume, aqui, relevo a *"defesa da identidade nacional"* através do *"património cultural"* do nosso povo inserido na *"tradição universalista europeia"*.

O artigo 7.º, nos termos da alínea g) do mesmo documento, aponta, explicitamente, para a importância dessa defesa ao afirmar que um dos objec-tivos do ensino básico é: «Desenvolver o conhecimento e o apreço pelos valores característicos da identidade, língua, história e cultura portuguesas».

Este objectivo é claramente respeitado no documento intitulado "Objectivos Gerais de Ciclo", que visa a homogeneidade e coerência da acção educativa, no âmbito nacional. Deste documento constam as com-petências terminais que os alunos deverão manifestar no final de cada ciclo. Assim, no final do 2.º Ciclo, relativamente à defesa e preservação do património cultural, destacam-se os seguintes objectivos[79]:

> "Recolher, reproduzir e/ou recriar produções do património tradicional português (literatura oral, artesanato, música, jogos)."
>
> "Adoptar na vida quotidiana comportamentos de defesa do equilíbrio ecológico e de preservação do património cultural, inte-grando saberes adquiridos."

---

[78] *Diário da República* de 14 de Outubro de 1986 I Série – Número 237 – *Lei n.º 46/86 – Lei de Bases do Sistema Educativo*, Capítulo I, Artigo 3.º, alínea *a*).

[79] *Ministério da Educação, Objectivos Gerais de Ciclo: Ensino Básico 1.º, 2.º e 3.º Ciclos*, Lisboa: Direcção Geral dos Ensinos Básico e Secundário, pp. 30-34.

"Reconhecer factores de identificação nacional em aspectos da paisagem, da memória histórica e do património cultural português."

Antes de nos determos na análise do programa de Língua Portuguesa de 2.º Ciclo, no sentido de inferir da importância que é dada ao património cultural, mais especificamente ao texto proverbial, parece-nos importante reflectir um pouco sobre o conceito de programa. Por exemplo, segundo António Carrilho Ribeiro[80] os programas «constituem o centro nevrálgico do sistema».

Para Malcolm Skilbeck[81] o programa

(…) está no centro do processo de ensino. Ele é o meio evidente de que a escola dispõe para definir a sua função essencial e determinar os seus valores, as suas finalidades gerais e os seus objectivos específicos. […] é também o meio que a escola utiliza para conciliar as necessidades de instrução de cada um dos seus alunos, as novas exigências da sociedade e a rápida evolução do saber. O programa escolar sempre serviu para afirmar os princípios fundamentais da sociedade que serão tratados e transmitidos à escola num meio vivo em que os docentes, os alunos, os seus pais e a população local estão em constante comunicação.

Na própria introdução aos programas[82], estes são definidos como:

documentos prescritivos que intencionalmente se fixaram num nível de grande generalidade, na convicção, por um lado, de que é forçoso deixar em aberto um vasto campo de possibilidades alternativas de desenvolvimento curricular, a eleger de acordo com as condições concretas do terreno pedagógico e, por outro, de que ninguém melhor do que os próprios agentes do processo educativo estará apto a tomar tais decisões.

Muitas outras definições mereceriam ser aqui mencionadas, mas tornar-se-ia fastidioso e pensamos serem suficientes para o propósito deste trabalho. Destas considerações podemos inferir que o programa é um

---

[80] RIBEIRO, António Carrilho, *Reflexões sobre a Reforma Educativa*, Col. Educação Hoje, Lisboa: Texto Editora, 3ª ed., p. 5.

[81] SKILBECK, Malcolm, *A Reforma dos Programas Escolares*, Col. Biblioteca Básica de Educação e Ensino, O.C.D.E., Porto: Edições ASA, 1992, p. 165.

[82] *Organização Curricular e Programas – Vol I, Ensino Básico 2.º Ciclo*, Lisboa: Imprensa Nacional Casa da Moeda – Direcção Geral dos Ensinos Básico e Secundário, Julho de 1991, p. 10.

documento intencional e tecnicamente elaborado e consiste num plano de actuação ao serviço de metas pedagogicamente válidas.

Após esta breve pausa sobre o conceito, vamos prosseguir examinando criticamente o programa em estudo. No nosso entender, a importância desta análise, no âmbito do presente trabalho, é indiscutível, porque consideramos que o programa é o ponto de referência fundamental na relação que se estabelece entre Ministério / Escola / Família. É indubitavelmente através dele que podemos deduzir as linhas de força do projecto do país que se deseja construir, a filosofia do sistema de ensino e o tipo de competências que o estado garante ou exige aos alunos. No caso concreto, ao analisar o Programa de Língua Portuguesa de 2.º Ciclo, propomo-nos verificar em que medida ele facilita o enraizamento das crianças na sua própria identidade cultural, no sentido de pertença a uma comunidade e a consequente compreensão dos outros e do seu tempo, através do texto proverbial, tendo em conta as proposições constantes na introdução ao volume I do referido programa[83].

> Reconhece-se a língua materna como o elemento mediador que permite a nossa identificação, a comunicação com os outros e a descoberta e compreensão do mundo que nos rodeia. Tem-se como seguro que a restrição da competência linguística impede a realização integral da pessoa, isola da comunicação, limita o acesso ao conhecimento, à criação e à fruição da cultura e reduz ou inibe a participação na práxis social.

Partindo do princípio de que os programas devem servir uma sociedade e ir ao encontro das suas necessidades, em nosso entender, o programa de Língua Portuguesa deveria funcionar como uma poderosa alavanca do riquíssimo potencial cultural, no contexto multicultural em que nos encontramos actualmente. Assim, a ênfase que entendemos dever dar à programação da cultura popular, de forma a incutir nas crianças o respeito pela sua própria cultura e a importância da sua preservação, baseia-se na importância do estatuto que legitimamente lhe deverá ser conferido.

No sentido de verificar de que forma os programas encaram esta matéria, num primeiro momento, procederemos a uma breve análise da estrutura dos documentos (Volume I e II); num segundo momento, tentaremos analisar o seu conteúdo, no que diz respeito à abordagem do texto proverbial, procurando responder às seguintes questões: se o texto proverbial é ou não abordado, e que tipo de valoração lhes merece; se o trata-

---

[83] Id., Ibid., p. 51.

mento dado a este tema é adequado, distorcido ou equilibrado, e se a formulação dos objectivos, conteúdos, actividades, metodologias e sistema de avaliação é a adequada para orientar tanto o ensino como a aprendizagem.

Tentaremos ainda aferir as transformações que os objectivos educacionais vão sofrendo, desde a sua enunciação na Lei de Bases do Sistema Educativo, até à sua tradução em propostas de ensino-aprendizagem nos manuais escolares.

A terminar, respeitando a manutenção da matriz existente do programa e a Lei de Bases do Sistema Educativo, procuraremos perspectivar alternativas de abordagem do conteúdo em análise, que, de alguma forma, possam tecer o horizonte desejável para esta matéria. Pois, no nosso entender, como professores de português, devemos contribuir para a consciencialização da importância da preservação, revitalização e difusão da nossa cultura, que urge implementar desde a mais tenra idade.

O programa de Língua Portuguesa de 2.º Ciclo, em vigor, foi aprovado pelo Despacho n.º 124/ME/91, de 31 de Julho, publicado no Diário da República, 2ª Série, n.º 188, de 17 de Agosto. O referido programa é composto por dois volumes. O volume I faz parte integrante do livro *Organização Curricular e Programas* e é precedido de uma nota introdutória e algumas considerações acerca da organização curricular do ensino básico, nomeadamente: dos objectivos; estrutura curricular; princípios orientadores da acção pedagógica; e componentes dos programas de ensino.

Este volume inclui as finalidades, das quais destacamos as que directamente se relacionam com o tema em apreço: «contribuir para a identificação crítica do aluno com a literatura e outras manifestações da cultura, nacional e universal» e «propiciar a valorização da língua portuguesa como património nacional e factor de ligação entre povos distintos»; dos objectivos gerais, os que nos merecem especial atenção são: «compreender enunciados orais nas suas implicações linguísticas e paralinguísticas» e «criar o gosto pela recolha de produções do património literário oral»; a explicitação dos domínios; os conteúdos nucleares e o seu peso relativo; as orientações metodológicas; a descrição do processo e o objecto da avaliação.

O volume II[84], publicado em anexo, como complemento do programa, desenvolve e especifica o quadro genérico dos conteúdos programáticos e

---

[84] *Programa de Língua Portuguesa: Plano de organização do ensino-aprendizagem – Vol II*, Lisboa: Imprensa Nacional Casa da Moeda – Direcção Geral dos Ensinos Básico e Secundário, Julho de 1991.

processos de operacionalização; repete e aprofunda as orientações metodológicas; refere a avaliação e apresenta sugestões bibliográficas.

Muito mais haveria a dizer acerca da estrutura e conteúdo geral do programa, mas não nos embrenhamos nesta questão, porque se trata de um tema assaz complexo, cuja abordagem não cabe nos limites definidos para este trabalho.

Tendo em conta que qualquer programa depende directamente do currículo a que pertence e que todas as disciplinas, com as respectivas especificidades, devem ser encaradas como um contributo para se atingirem as finalidades definidas para cada nível de ensino, o que nos interessa particularmente é verificar como se articulam os documentos em análise, relativamente ao tema em estudo.

QUADRO I

LEI DE BASES DO SISTEMA EDUCATIVO		PROGRAMA DE PORTUGUÊS 2.° CICLO	
Artigo 3.° Princípios organizativos	Artigo 7.° Objectivos (ensino básico)	Finalidades	Objectivos Gerais
a) Contribuir para a defesa da identidade nacional e para o reforço da fidelidade à matriz histórica de Portugal, através da consciencialização relativamente ao património cultural do povo português, no quadro da tradição universalista europeia e da crescente interdependência e necessária solidariedade entre todos os povos do Mundo.	g) Desenvolver o conhecimento e o apreço pelos valores característicos da identidade, língua, história e cultura portuguesas.	• Contribuir para a identificação crítica do aluno com a literatura e outras manifestações da cultura, nacional e universal. • Propiciar a valorização da língua portuguesa como património nacional e factor de ligação entre povos distintos.	• Compreender enunciados orais nas suas implicações linguísticas e paralinguísticas. • Criar o gosto pela recolha de produções do património literário oral.

Quadro I – Articulação do programa de Língua Portuguesa (2.° Ciclo) com a Lei de Bases do Sistema Educativo

Perante os dados apresentados, pensamos poder afirmar que há uma consonância entre os princípios organizativos e os objectivos consignados na LBSE e as finalidades do Programa de Português de 2.° Ciclo. No entanto, parece-nos que essa consonância se esbate relativamente aos objectivos gerais do programa, na medida em que descuram a atitude crítica do aluno, prevendo apenas a compreensão e a recolha.

Na prática lectiva não devemos ficar pela simples recolha de provérbios, mas também procurar atingir níveis de compreensão, atendendo ao estadio de desenvolvimento dos níveis etários dos nossos jovens alunos, através da *Pedagogia* do *Despertar* com suporte na curiosidade e na criatividade como motivações fortes para o aluno pôr à prova o desbravamento da mensagem de cada provérbio.

O estudo dos provérbios é um desenrolar e desfiar de novelos entretecidos por fios pedagógicos, um desfazer de nós para os refazer. Com estes fios se constrói a trama, o contexto, onde se matiza nítida a mensagem do provérbio. E é neste tecer que se atingem os níveis: cognitivo / sócio-afectivo com o fim mais elevado da vinculação de valores e de atitudes, que tornam o homem mais HOMEM, à luz do Humanismo Universal Moderno, desiderato legítimo da Escola.

Repare-se agora nos QUADROS II e III onde apresentamos os conteúdos abordados no Volume II do programa, em que se inscreve o estudo do património literário oral, mais concretamente do texto proverbial.

Se reflectirmos sobre o conteúdo núclear «expressão verbal em interacção», tal como é explicitado nas indicações metodológicas, verificaremos que o processo de operacionalização «descobrir provérbios apresentados por mímica» é encarado exclusivamente numa perspectiva instrumentalista, ao serviço do desenvolvimento da capacidade de comunicação.

Relativamente ao segundo conteúdo nuclear «Compreensão de enunciados orais», julgamos pertinente a referência ao facto de se considerar importante que o aluno "se assuma com gosto como elo na cadeia de transmissão do património oral." No entanto, não há qualquer indicação metodológica sobre como conseguir tais desígnios.

Recolher e reproduzir testemunhos do Património Oral Popular, memorizando-os, registando-os por quaisquer meios: áudio ou registo escrito (quer por cópia, quer por ditado), é uma forma de o perpetuar, sem dúvida.

Porém, o objectivo: "Compreender enunciados orais", através das estratégias sugeridas no QUADRO I, pode não chegar a ser atingido. Ao nível do domínio do Ouvir/Falar, poderá até correr-se o risco de o aluno adquirir um mero automatismo ou um falar psitacísmico. A memorização de provérbios é muito precária. Perpetuá-los por escrito, é bom, lê-los ainda é melhor. A ortoépia, a ortografia e o aperfeiçoamento caligráfico,

Os provérbios no programa e manuais de 2.º Ciclo   97

QUADRO II

OUVIR / FALAR		
Conteúdos nucleares	Processos de operacionalização	Indicações metodológicas
• Expressão Verbal em Interacção	• Produzir discursos variados, tendo em conta a situação concreta e os participantes: • descobrir provérbios apresentados por mímica	<u>Expressão Verbal em Interacção</u> (...) A frequência de práticas de expressão verbal em interacção contribui de forma determinante para o desenvolvimento da capacidade de comunicação.
• Compreensões de Enunciados Orais	• Recolher produções do património oral: • (...) provérbios • Reproduzir textos do património literário oral: • (...) provérbios	<u>Compreensões de Enunciados Orais</u> (...) Espera-se que o aluno: (...) se assuma com gosto como elo na cadeia de transmissão do património oral. (...) A actividade de recolha do oral poderá ser feita mediante memorização, registo magnético audio (com ou sem transcrição posterior) ou registo escrito.

Quadro II— Conteúdos do programa, no domínio do OUVIR/FALAR, que referem o provérbio

tão só, não nos bastam. A compreensão – a recepção do texto oral – exige ir mais além. A exploração do provérbio deve socorrer-se de actividades lúdicas e outras que levam ao prazer da produção escrita, tarefa enfadonha para a maior parte dos nossos alunos.

Há tendência para se levar à letra a leitura dos provérbios. Há que aprender a viajar por dentro das sentenças, das palavras, contextualizando--as. De contrário será a travessia do deserto com todas as suas vicissitudes. O oásis a descobrir pelos jovens é que os provérbios são fruto de profunda sabedoria, acutilantes, quando oportunamente aplicados, podem perder força, se entendidos genericamente.

Na nossa opinião os processos de operacionalização referidos no QUADRO III são válidos. De facto há nestes pressupostos implícita uma filosofia assente no valor do património oral. Contudo as contradições situam-se na ausência de referências ao tema no domínio do Ler e do Funcionamento da Língua, bem como na escassez de directivas nos cadernos de apoio aos programas. A título de exemplo podemos referir um volume

QUADRO III

ESCREVER		
Conteúdos nucleares	Processos de operacionalização	Indicações metodológicas

• Escrita expressiva e lúdica
• divulgação dos escritos
	• Registar por escrito produções orais para as conservar e transmitir:ou para as recolhas efectuadas:
	  • (...) provérbios
	
	• Encontrar processos de circulação e finalidades sociais para os escritos produzidos ou para as recolhas efectuadas:
	  – jornais de turma ou de escola;
	  – correspondência escolar;
	  – exposições;
	  – sugestões;
	  – concursos;
		<u>Escrita expressiva e lúdica</u>
		NOTA: nenhuma das orientações nos pareceu adequada ao registo por escrito das produções orais.

Quadro III – Conteúdos do programa, no domínio do ESCREVER, que referem o provérbio

de "Ficheiros de Recolhas"[85] em que se dedicam quinze páginas aos provérbios. Ao longo destas páginas assiste-se a uma mera listagem de provérbios, sem se obedecer a qualquer critério de organização (ordem alfabética, temática, etc.); não há qualquer preocupação em diversificar as fontes de recolha, referindo-se sempre a mesma (em nota de rodapé, incorrectamente apresentada e diferente de página para página); nem existe qualquer indicação sobre critérios, fichas de recolha, ou processos de operacionalização. Contrariamente ao que acontece, por exemplo, com um outro documento que se refere aos meios audiovisuais e em que se explica minuciosamente o funcionamento de um gravador (que poderemos encontrar em qualquer manual de instruções).

Ainda relativamente aos materiais de apoio, impõe-se que dediquemos algumas palavras aos manuais escolares de Língua Portuguesa, por constituírem o auxiliar didáctico com maior impacto no desenvolvimento de estratégias de ensino-aprendizagem.

---

[85] *Materiais de Apoio aos Novos Programas: Ficheiro de Recolhas,* Lisboa: Editorial do Ministério da Educação, 1992.

Os provérbios no programa e manuais de 2.º Ciclo 99

Na nossa opinião o manual escolar contém uma verdadeira teoria sobre a escola, uma opção implícita ou explícita acerca de aspectos, tão relevantes do ponto de vista didáctico, como: a selecção de objectivos, conteúdos, actividades de aprendizagem, a sua ordem, a sua sequência, etc.. Dito de outro modo, o manual não é neutro na forma como transmite os conhecimentos seleccionados no currículo. Por tudo isto pensamos ser de grande interesse a análise que nos propomos fazer a esses mediadores, quase exclusivos, entre os objectivos enunciados no programa e a sua descodificação traduzida nas propostas de actividades que apresentam.

A intenção principal da nossa análise não se prende com a avaliação das vantagens pedagógicas de uns manuais relativamente a outros. O nosso objectivo é única e exclusivamente verificar se os manuais evidenciam preocupações com a salvaguarda da cultura popular, nomeadamente o provérbio, confirmando se as actividades neles inclusas permitem a consecução dos objectivos consignados na Lei de Bases do Sistema Eduativo já mencionados.

Neste sentido, e dentro de uma sequência de análise das actividades que se prendem com o texto proverbial, optou-se pelas mesmas perspectivas de abordagem já enunciadas no âmbito do programa.

Partindo do príncipio de que não é nem possível nem necessário analisar aqui todos os manuais de Língua Portuguesa de 2.º Ciclo, optou-se por seleccionar quarenta e dois manuais editados a partir de 1991. Os motivos que nos levaram a decidir por este período de edições prendem-se com a data de publicação dos Novos Programas da disciplina (1991). Na nossa opinião, a adopção deste critério poderá ter algum interesse, no sentido de inferir da interpretação que os autores dos manuais fazem dos programas e verificar até que ponto diminuem ou melhoram o alcance da sua intervenção, no processo de ensino-aprendizagem, através das actividades que contemplam. A selecção dos manuais foi feita de acordo com as ofertas que as editoras concedem às escolas. Assim, após uma visita a seis bibliotecas escolares, pertencentes a estabelecimentos de ensino que integram alunos de 2.º Ciclo, fez-se o levantamento dos livros existentes, publicados a partir da data referida.

Efectuado o levantamento dos manuais, procedeu-se à análise de cada um deles, relativamente: à frequência; à forma; ao conteúdo; e à organização das actividades relacionadas com o texto proverbial. No que se refere à identificação dos manuais e à frequência dessas actividades repare-se no QUADRO IV.

QUADRO IV

Lista de Manuais consultados — 2º Ciclo

Título	Editora	Autores(as)	Data	nº pág.	nº p. prov.
O Verso da Folha 6º ano	Didáctica Editora	Maria Alzira Cabral; Isabel de Paiva Boléo	1991	251	5
O Fio das Palavras 5º Ano	Editorial o Livro	Rita Benamor; Catarina Labisa	1991	224	1
Limiar 5º Ano	Editorial o Livro	Cristina De Mello; M. Clara Bentes	1991	295	2
Palavra a Palavra 6º Ano	Lisboa Editora	M. Armanda Carvalho; M. Cristina Menezes; M. Odete Mendes	1991	256	5
O Sr. Texto - 6º Ano	Plátano Editora	Elisa da Graça Freitas; Margarida N. Silva	1991	211	0
A Aventura da Palavra 5º Ano	Didáctica Editora	Hungria Miguel Gomes; Lídia C. Leal Lopes; Luís Filipe P. Santos	1992	319	6
O Verso da Folha 5º Ano	Didáctica Editora	Maria Alzira Cabral	1992	256	7
No Reino das Palavras 5º Ano	Texto Editora	Cristina Pessoa; Helena Vicente	1992	248	4
Projectos 5º Ano	Edições Asa	Ana M. F. Ramos; António Mª Queirós; Estela R.Lamas; Mª Manuela Dantas	1992	208	4
À Roda das Palavras 5º Ano	Livraria Arnado	Flora Azevedo; Anabela Mimoso; Renato Azevedo	1992	287	3
Tens a Palavra 5º Ano	Porto Editora	Fernanda Costa; Luísa Mendonça; Rogério De Castro	1992	251	6
LP5. 5º Ano	Areal Editora	Conceição Sousa; Constantino Morais; Mª Henriqueta Török; Olga Cardoso	1992	224	3
Recomeçar 5º Ano	Universitária Edit.	Cecília Bastos; Júlia Fidalgo	1992	268	13
Porta-Voz 5º Ano	Texto Editora	Ana P. Dias; Fernanda Martins; Georgina Palma; Manuela Góis; Manuela Lapa	1992	304	10
Mil Folhas 5º Ano	Lisboa Editora	Maria Elisa Sousa; Teresa Guedes	1992	272	8
Sinfonia da Palavra 6º Ano	Edições Asa	Álvaro Gomes; Fernando Paulo Baptista; Jorge Castro; Paula Couto; Supervisão Científica: Vitor Aguiar e Silva	1992	240	0
O Senhor Texto 5º Ano	Plátano Editora	Elisa Da Graça Freitas; Margarida N. Silva	1992	298	0
Língua Portuguesa 6º Ano	Edições Asa	Olga Castro; Manuela Russo	1992	304	0
Tens a Palavra 6º Ano	Porto Editora	Fernanda Costa; Luísa Mendonça; Rogério De Castro	1993	295	6
Clube de Português 6º Ano	Porto Editora	Maria José Costa; Maria Emília Traça	1993	254	3
O Gosto das Palavras 6º Ano	Areal Editora	Artur Veríssimo; Ana I. Serpa; Henriqueta Sousa; Goretti Rodrigues	1993	255	1
Viver e Aprender 6º Ano	Texto Editora	Irene Cardonal — Zilda Santos	1993	267	2
Voz Activa 6º ano	Porto Editora	Antero Monteiro; Jorge Ferreira; Nídia Freitas	1993	272	4
Ao Virar da Página 6º Ano	Porto Editora	José António Gomes; Lurdes Graça	1993	271	3
No Reino das Palavras 6º Ano	Texto Editora	Cristina Pessoa; Helena Vicente; Teresa Meireles	1993	256	6
Porta-Voz 6ºAno	Texto Editora	Ana Dias; Fernanda Martins; Georgina Palma; Manuela Lapa	1993	288	0
Livro Meu 5º Ano	Editorial o Livro	Rafaela Moura; Teresa Matos	1995	240	4
Caminhos 5º Ano	Porto Editora	Fernanda Costa; Luísa Mendonça; Rogério De Castro	1996	271	7
À Roda das Palavras 5º ano	Livraria Arnado	Flora Azevedo; Anabela Mimoso; Renato Azevedo	1996	271	2
1, 2, 3 é a Tua Vez 5º Ano	Texto Editora	José Fernando Ribeiro; Manuel Joaquim Martins; Com a colaboração de Edite Estrela	1996	256	31
O Gosto das Palavras 5º Ano	Areal Editora	Artur Veríssimo; Ana Isabel Serpa; Goretti Rodrigues	1996	208	2
Palavras Contadas 5º ano	Texto Editora	Cristina Pessoa	1996	272	1
Gira, Gira 5º Ano	Porto Editora	Antero Monteiro; Jorge Ferreira; Nídia Freitas	1996	256	4
Navegar em Português 5º ano	Plátano Editora	Alice Cruz; Manuela Gonçalves	1996	236	1
A Magia da Leitura 5º Ano	Didáctica Editora	Hungria Miguel Gomes; Lídia Leal Lopes; Luís Filipe Santos	1996	260	6
A Magia da Leitura 6º Ano	Didáctica Editora	Hungria Miguel Gomes; Lídia Leal Lopes; Luís Filipe Santos	1997	280	5
Caminhos 6º Ano	Porto Editora	Fernanda Costa; Luísa Mendonça; Rogério De Castro	1997	239	10
À Roda das Palavras 6º Ano	Livraria Arnado	Flora Azevedo; Anabela Mimoso; Renato Azevedo	1997	288	5
Palavras Contadas 5º Ano	Texto Editora	Cristina Pessoa; Odete Tomé.	1997	271	0
Ler e Descobrir 6º Ano	Constância Editores	Fernanda Leal; Júlia Fidalgo	1997	224	3
Na Companhia das Letras 6º	Porto Editora	Maria José Costa; Maria Emília Traça	1997	255	3

Quadro IV – Identificação dos manuais
e frequência das actividades relativas ao texto proverbial

Os provérbios no programa e manuais de 2.º Ciclo   101

Os resultados apresentados mostram-nos que há uma discrepância entre o número de páginas dos manuais, que variam entre duzentas e oito e trezentas e trinta e seis, e o número de páginas com referências ao texto proverbial, que se situam entre zero e trinta e uma.

Perante os dados apresentados, somos levados a concluir que não se atribui muita importância à abordagem do património oral, nomeadamente do texto proverbial. A superficialidade com que se aborda este tema corre o risco de levar as crianças a um conhecimento inconsistente, sem sentido, e, por isso, precário.

Estes aspectos mereciam-nos a dedicação de um estudo mais aprofundado, em prespectivas diferentes e com amostras mais representativas, que permitissem responder a algumas questões relacionadas com: as características estruturais dos manuais (os objectivos que perseguem, o seu nível educativo e contexto de aplicação); características do conteúdo e actividades que sugerem; as prioridades que apresentam sobre o ensino / / aprendizagem; o modelo teórico que os orienta de uma forma explícita ou oculta, etc.. Estes aspectos levam-nos a reflectir sobre a pertinência da realização de investigações futuras, nesta área. No entanto, os objectivos desta análise, no âmbito do presente trabalho, já foram suficientemente referidos e para concedermos a este assunto o rigor desejável, desviar-nos--íamos do nosso propósito inicial. De momento, a utilidade deste estudo, ainda que superficial, parece-nos razoável pela panorâmica global que nos proporciona, no que concerne ao tema em estudo.

Relativamente à forma, ao conteúdo e à organização das actividades que se prendem com o texto proverbial, esta análise permitiu-nos verificar que, geralmente elas surgem: como motivação para interacções verbais dentro e fora da sala de aula (recolha/transmissão); relacionadas com vários tipos de texto; como meio auxiliar de aprendizagem de alguns conceitos do funcionamento da língua; como motivação para a produção de textos; etc.. No sentido de fornecermos uma visão global sobre as actividades mais frequentes, nos domínios Ouvir / Falar; Ler / Escrever e Funcionamento da Língua atende-se no QUADRO V.

Pela leitura do quadro podemos concluir que as actividades propostas, na sua generalidade, não seguem uma metodologia de exemplificação/ /exploração. Este facto pode levar o aluno a apropriar-se deles, limitando--se a repetí-los sem os compreender e a reproduzí-los como um estereótipo. No entanto convém salientar que este estudo pretende dar uma visão global da situação. Existem excepções que, pela sua pertinência, as referiremos num outro capítulo desta dissertação.

Quadro V

DOMÍNIOS	ACTIVIDADES
OUVIR / FALAR	• Recolher provérbios, contactando directamente com as pessoas. • Transmitir os provérbios recolhidos. • Comunicar/descobrir provérbios por mímica.
LER /ESCREVER	• Identificar provérbios em textos. • Ler ou ouvir ler textos próprios ou de outros alunos que tenham provérbios. • Registar por escrito os provérbios recolhidos, organizando um dossier. • Completar provérbios com palavras que faltam.
FUNCIONAMENTO DA LÍNGUA	• Ordenar provérbios apresentados em desordem. • Descobrir provérbios, substituindo palavras pelos seus antónimos. • Identificar classes e subclasses de palavras nos provérbios.

Quadro V – Levantamento das actividades mais frequentes,
nos manuais, relativas ao texto proverbial

Quanto às conclusões gerais que nos parecem mais significativas, decorrentes do trabalho de pesquisa a que se procedeu, são:

- há uma certa hesitação em incluir o texto proverbial nos manuais;
- as actividades ligadas à recolha, ao registo e à reprodução são as mais frequentes, descurando-se outras actividades que contemplem a capacidade de compreender, raciocinar, recrear e explorar;
- confrontando os processos de operacionalização do Programa e as actividades inclusas nos Manuais, constata-se que há uma preocupação, quase exclusiva, pelos autores dos manuais, em criar actividades de recolha, registo e reprodução, não melhorando o alcance do programa.

Relativamente a estes dados consideramos pertinente, em estudos posteriores, a verificação de hipóteses, tais como: se o número reduzido de referências ao provérbio tem a ver com a falta de rigor na definição dos objectivos, ao nível do programa, ou de directivas precisas relativamente às metodologias; se os autores dos manuais, aquando da sua elaboração, se baseiam apenas nos programas, ou levam em consideração objectivos mais amplos; se é prática comum proceder-se a uma avaliação rigorosa dos mesmos e por quem; etc..

O que de momento nos interessa, em face do exposto, é questionar se os processos de recolha, reprodução e registo de textos do património literário oral são suficientes, para estimular o «apreço pelos valores característicos da identidade nacional», como refere a Lei de Bases do Sistema Educativo.

Para respondermos a esta questão parece-nos ser necessário raciocinar sobre a natureza inerente a esta matéria e, nesse aspecto, os argumentos que nos parecem convincentes sobre o seu valor intrínseco, à luz das observações anteriores, residem na sua importância como um veículo para a procura da nossa identidade cultural que passa pela inserção na realidade sócio-cultural e pela compreensão do presente com raízes no passado, a mudança, a evolução, como perspectivas para o futuro. Neste sentido, os processos de operacionalização apontados pelos programas e manuais deveriam ser apenas o preâmbulo para a investigação e a compreensão.

O nosso argumento a favor da proeminência que o património literário oral, nomeadamente o provérbio, deveria ter, nos documentos em análise, edifica-se no facto de nos empenharmos verdadeiramente na sua preservação e, ao mesmo tempo, proporcionar aos alunos o máximo de satisfação: recolhendo, organizando, desconstruindo, explorando, expondo. Em suma, fazendo-os sentir directamente implicados no próprio processo de identificação, conservação, preservação e divulgação da cultura tradicional e popular. Desta forma contribuiríamos para harmonizar a compreensão intelectual e emocional dos alunos, relativamente a este tema e dentro dos limites do possível, conscientes de que as afirmações que fazemos se referem a um grau de ensino básico do 2.º Ciclo.

No entanto, é fácil depreender que qualquer programa, ou manual, por bem desenhados e aplicados que se apresentem, serão sempre susceptíveis de melhoramento, tanto através da diminuição ou supressão dos seus pontos fracos como por meio do reforço dos seus pontos fortes. Este convite à reformulação está, aliás, bem patente na Introdução aos Novos Programas[86]

> (...) sublinhe-se que os programas agora publicados constituem, eles próprios, projectos em aberto. Objecto de sucessivas revisões, refor-

---

[86] *Organização Curricular e Programas – Vol I, Ensino Básico 2.º Ciclo*, Ibid., p. 10.

104 Os textos tradicionais na aula de português: os provérbios

mulados na estrutura e nos conteúdos a partir da avaliação dos resultados da primeira fase da sua aplicação experimental, prevê-se que continuem a recolher, nos próximos anos, novos contributos provenientes do prolongamento da experiênia e do debate público. Representam, pois, um desafio à participação crítica e criativa de todos os intervenientes na acção educativa.

Relativamente à apreciação dos manuais, o seu sistema de adopção e período de vigência está legislado pelo Decreto-Lei n.° 369/90 de 26 de Novembro. Sempre que é necessário proceder-se à sua adopção, os professores têm acesso a um guião de análise, onde constam os critérios de selecção dos mesmos e uma ficha de caracterização de problemas detectados. Pese embora a variedade de títulos que surgem no mercado e o período em que se procede à sua análise (final do ano lectivo), condições que dificultam uma selecção bem ponderada e precedida de uma avaliação criteriosa, impõe-se que sejamos mais rigorosos e que, através das nossas opiniões, colaboremos para a sua melhoria, pois, como afirma Estela Lamas[87]

> (…) se o manual é indispensável, temos de lutar por implantar manuais que melhor cumpram com as funções que lhe são destinadas e lutar também por aperfeiçoá-los, sempre que possível, sempre que preciso, respondendo às críticas e às sugestões que vêm daqueles que põem em prática as suas propostas: professores e alunos.

Aceitando estes desafios, no sentido de melhorar este ponto fraco do programa e dos manuais, sem contudo os desprestigiar e, considerando que as modificações a introduzir no ensino da Língua Portuguesa deveriam dar um novo impulso à concepção destes materiais centrados nos valores culturais e um novo vigor à pedagogia desses mesmos valores, através dos conhecimentos solidamente ancorados (de que são veículos os provérbios), proporíamos como objectivos a incluir:

- Apreender a cultura local na sua identidade geográfica e social, através do património literário oral;
- Apropriar-se, de forma crítica, da experiência humana culturalmente expressa no património oral;

---

[87] LAMAS, Estela, *A Aula de Língua e Literatura Maternas,* Caderno 2, Série Didáctica, Vila Real: Universidade de Trás-os-Montes e Alto Douro, Abril de 1994, p. 23.

– Tomar consciência progressiva do valor do património cultural tradicional e popular, da necessidade da sua preservação e do respeito pela diversidade cultural.

Relativamente aos conteúdos e processos de operacionalização, pela sua complexidade, dedicar-lhe-emos a nossa atenção, no próximo capítulo desta dissertação.

VI. Os provérbios nas aulas de Língua Portuguesa

No capítulo anterior apresentámos o resultado da análise de conteúdo dos programas e manuais, de 2.º ciclo, de Língua Portuguesa, no que se relaciona com o texto proverbial. Referimos que estes últimos desempenham o papel de mediador, quase exclusivo, entre os primeiros e as nossas práticas educativas. Tanto uns como outros são concebidos no pressuposto de que serão utilizados por professores que concretizam o currículo. Em contrapartida, a sua selecção deveria implicar uma reflexão explicita sobre a didáctica desta matéria.

Neste sentido, ao longo deste capítulo, tentaremos abordar o conceito geral de Didáctica. Seguidamente, incidiremos sobre uma Didáctica específica para a Língua Materna. Por último, tentaremos sugerir outros conteúdos, processos de operacionalização e estratégias relacionadas com o texto proverbial que podem encorajar a componente afectiva e, de alguma forma, contribuir para a educação para a cidadania.

Relativamente à evolução do conceito de Didáctica e segundo M. Luísa Veiga[88]:

> O termo foi usado pela primeira vez por Ratke, em 1629, com sentido de «ensinar», no seu livro «Principais Aforismos Didácticos». Veio no entanto a ser consagrado por Comenius, na obra «Didáctica Magna», publicada em 1657 (Nérici, 1983).
>
> Desde o seu primeiro significado de «arte de ensinar» (…), o conceito passou a ser compreendido de várias formas. Foi entendido como «ciência e arte de ensinar» (prestando-se a pesquisas referentes a «como ensinar melhor»), foi definido como «o estudo dos procedimentos destinados a orientar a aprendizagem do educando da maneira mais eficiente possível, em direcção a objectivos predeterminados» (Nérici, 1983), foi rotulada como «ciência que estuda e elabora teorias sobre o ensino, quer dizer, modelos que explicam ou predizem esse fenómeno e essa realidade que é ensinar» (Entonado, 1986), etc., etc..

---

[88] VEIGA, Maria Luísa, "Didáctica: da concepção às correntes que a integram", in *Actas do 2.º Encontro Nacional de Didácticas e Metodologias de Ensino*, Aveiro: Universidade de Aveiro, 6 a 8 de Fevereiro de 1991, p. 311.

Ainda a este propósito, e no mesmo encontro, Clara Lourenço[89] refere que a didáctica aponta para actividades humanas que ressaltam da tendência para um maior conhecimento da natureza humana, do ambiente social e natural com o objectivo do seu aperfeiçoamento e da necessidade de comunicarmos os nossos conhecimentos, experiências e aspirações aos outros, acicatando também o seu desenvolvimento.

Fátima Sequeira[90], na sua comunicação, no referido encontro, afirma que a função da didáctica é de elaborar uma teoria relativamente ao modo mais eficaz de organização do processo de ensino/aprendizagem, atendendo aos interesses do aprendente, da matéria a transmitir e do objectivo a alcançar.

Muitas outras definições de didáctica poderíamos incluir neste trabalho, mas o que interessa aqui debater é a importância desta ciência para a nossa prática pedagógica quotidiana.

Partindo do que ficou exposto, podemos concluir que quando se fala de Didáctica devemos ter sempre presente: o professor, o educador, o meio, o planeamento (objectivos, conteúdos, motivação, disciplina, metodologias materiais de suporte, comunicação, linguagem, etc.).

No que diz respeito à Didáctica da Língua Materna, esta merece-nos particular atenção pela sua natureza e pela nossa condição. Se reflectirmos sobre o objectivo primordial da criação da escola: "ler, escrever e contar" e se analisarmos o insucesso escolar com que somos confrontados nas nossas escolas, somos obrigados a admitir que a situação, nestes domínios, é grave. E será caso para nos questionarmos sobre as suas causas.

A este propósito Charles Bally[91] opina que:

> La plupart des pédagogues se demandent ce que l'élève doit savoir et ce qu'il peut ignorer. Ne vaudrait-il pas mieux chercher par où il faut commencer et quel est l'ordre naturel des acquisitions? Les vraies réformes consistent moins à démolir et à rebâtir qu'à déplacer et à coordonner. [...] Partir du donné, aller du connu à l'inconnu, rattacher toute acquisition nouvelle à ce qui est solidement enraciné dans

---

[89] LOURENÇO, Clara A. Santos Moura, "Didáctica, Didácticas, Ciências da Educação", in *Actas do 2.º Encontro Nacional de Didácticas e Metodologias de Ensino*, Aveiro: Universidade de Aveiro, 6 a 8 de Fevereiro de 1991, p. 332.

[90] SEQUEIRA, Fátima, "O Papel das Didácticas da Língua e da Literatura na Formação de Professores de Português", in *Actas do 2.º Encontro Nacional de Didácticas e Metodologias de Ensino*, Aveiro: Universidade de Aveiro, 6 a 8 de Fevereiro de 1991, p. 353.

[91] BALLY, Charles, *Le Langage et la Vie*, Troisième édition augmentée, Geneve: Librairie Droz, 1965, p. 134.

l'esprit: ce précepte si naturel commence à peine à éclairer la marche des études.

O percurso desta "marche des études", de que nos fala Charles Bally (1965), foi lento, mas com o auxílio da psicologia do desenvolvimento e da aprendizagem torna-se mais fácil estabelecer uma boa relação pedagógica e afectiva. Estes aspectos permitem elevar ao máximo as capacidades dos alunos e ter em consideração as suas vivências e motivações. Sabendo qual o ponto de partida, conhecendo os seus interesses e as suas competências, mais fácil se torna planificar e organizar as actividades, variar as estratégias e escolher as mais adequadas aos seus anseios. A par de uma boa aquisição de conhecimentos, é importante que o aluno efectue a sua formação como pessoa. Desta forma, o professor está a desempenhar a sua função de educador.

Mas no mundo actual o que será educar? Guilherme de Oliveira Martins[92], citando Fernando Savater, afirma que educar é:

> Acreditar na perfectibilidade humana, na capacidade inata de aprender e no desejo de saber que anima a educação, havendo coisas que podem ser sabidas e que merecem sê-lo, num processo em que todos podemos melhorar-nos uns aos outros por meio do conhecimento.

Tendo em conta que o objectivo prioritário da aula de Língua Portuguesa continuará a ser o desenvolvimento da competência comunicativa do aluno, a acção educativa mais coerente baseia-se em respeitar a sua personalidade, desenvolvendo as capacidades máximas de cada um, de modo a transformá-los em indivíduos reflexivos e críticos, sabendo usar a sua língua como meio privilegiado para adquirir cultura. Charles Bally[93], a este propósito afirma:

> La langue n'est pas seulement, par définition, un fait social; c'est, de toutes les institutions sociales, celle qui nous rapproche le plus des origines de la société, parce que c'est la plus instinctive, la plus traditionnelle, celle enfin dont l'emprise sur les individus est la plus forte.

---

[92] MARTINS, Guilherme de Oliveira, "Interculturalidade e Coesão Social na Intervenção Educativa", in *Revista Colóquio / Educação e Sociedade*, n.º 1/97, Lisboa: Fundação Calouste Gulbenkian, Out. 1997, p. 166.

[93] BALLY, Charles, Ibid., p. 115.

110   *Os textos tradicionais na aula de português: os provérbios*

On se préoccupe beaucoup, aujourd'hui de découvrir dans les sociétés évoluées comme les nôtres, des traces de la mentalité primitive: superstitions, magie, symbolisme, contradictions commandées par les sentiments collectifs, etc. La langue fournirait, je crois, des indices abondants de ces survivances.

Ainda nesta linha de pensamento, refere Esteves Rei[94] que «aprender a língua é, desde Isócrates, aceder a um conhecimento *sui generis* do instrumento com o qual a comunidade ordena e pensa o mundo» e acrescenta que as raízes da actual sociedade, da sua escola e retóricas se encontram «nas congéneres passadas, cujo conhecimento facilita e alarga a compreensão das mesmas».

Mas como conseguir tamanhos intentos? Recorrendo, mais uma vez, à «ciência e arte de ensinar». Como afirma Emília Amor[95]:

Só uma D.L.M fundada nessa especificidade (do saber linguístico nas suas dimensões básicas, representativa e comunicativa) poderá avivar em docentes e alunos, perante a multiplicidade dos fenómenos e dos métodos de observação / reflexão, a consciência da importância da língua como construtora dos mecanismos da identidade e da relação interindividual, como modelizadora de mundos no plano do real ou do imaginário, como território simbólico onde, afinal, se geram, enraízam e renovam a cultura e a memória das comunidades e das nações.

Qualquer escola, por muito pobre que seja, terá sempre uma sala de aula, um professor, um grupo de alunos e um objectivo que os une, um conhecimento mais aprofundado de nós próprios e do mundo. Ela será sempre o ponto de encontro e de fusão do que é próprio e do que é diferente. Assim, a nossa intervenção deveria iniciar-se com a elaboração do nosso próprio projecto educativo e curricular relativamente à preservação, revitalização, difusão e registo da cultura tradicional e popular, enquanto elemento de identificação cultural (da comunidade escolar). Para isso, seria importante abrir a escola à comunidade, isto é, gerar situações de ensino/aprendizagem centradas na comunidade, envolvendo os alunos, e os adultos. Os contactos com as pessoas mais velhas contribuiriam para

---

[94] REI, Esteves, *A Escola e o Ensino da Língua: conteúdos, métodos e actividades*, Porto: Porto Editora, 1998.

[95] AMOR, Emília, *Didáctica do Português: fundamentos e metodologia*, 4ª ed., Lisboa: Texto Editora, 1997, p. 11.

Os provérbios nas aulas de Língua Portuguesa 111

ampliar os horizontes culturais dos alunos e despertariam um maior interesse pelas próprias "raízes culturais".

Este procedimento seria tanto mais produtivo quanto melhor conseguíssemos aproveitar os recursos linguísticos dos nossos alunos. A escola nem sempre é um local agradável. Como diz o provérbio, muitas vezes «a galinha de campo não quer capoeira». Mas, como «de livro fechado, não sai letrado», cabe-nos, a nós, professores de Português, deixar de pensar que «em terra ruim, não se gasta boa semente» e tentar «levar a água ao (nosso) moínho», em vez de «sacudir(mos) a água do capote». Para isso, não convém «pôr o carro à frente dos bois», mas sim pensar que «o que se aprende no berço dura até à sepultura». Assim, devemos dar-lhes oportunidade de intervir directamente na sua formação e sentir que o seu conhecimento será a base para as novas aprendizagens. Desta forma, «cada um colhe(rá) aquilo que semeia» e como, «ditados velhos são evangelhos», para aqueles que não acreditam que «muitos poucos fazem muito» teremos que fazer como diz o povo: «criado que faz o seu dever, orelhas moucas deve ter».

Seguidamente tentaremos apresentar algumas técnicas e procedimentos metodológicos que permitam: diversificar as situações de comunicação (entrevistas, pesquisas, etc.), procurando fomentar hábitos de trabalho individual e em grupo; valorizar o desenvolvimento de capacidades e atitudes enquanto finalidades programáticas, aumentando o interesse intelectual por actividades, que ao invés de confirmarem uma realidade já demonstrada a problematizem; privilegiar a descoberta e a construção pelo aluno, fornecendo-lhe utensílios que lhe permitam dar forma e relacionar convenientemente os elementos obtidos pela pesquisa local, de modo a integrá-los num esquema explicativo globalizante. Esta seria a conduta mais correcta da Escola, porque «tirar as calças pela cabeça não adianta».

Esses procedimentos surgirão sempre ao serviço do desenvolvimento das destrezas linguísticas dos alunos, tendo em conta os domínios: ouvir/ /falar, porque educar a linguagem é educar o pensamento e vice versa e saber falar bem implica ter consciência do poder das palavras; ler/escrever, porque ler é compreender e julgar, relacionar o que se lê com as suas próprias vivências, e através da escrita, o aluno manifesta o seu mundo interior e a sua visão pessoal das coisas; funcionamento da língua, porque como afirma Mário Vilela[96]:

---

[96] VILELA, Mário, *Léxico e Gramática – Ensino da Língua Portuguesa: Léxico, Dicionário, Gramática*, Coimbra: Livraria Almedina, 1995, p. 252.

A gramática ensina o uso correcto da língua, ensina a pensar de modo lógico, forma o espírito, fornece um conjunto de conceitos para se compreender o fenómeno «linguagem», problematiza a norma linguística, melhora a capacidade de expressão e escrita, serve de muleta para compreender textos difíceis, aprofunda e aperfeiçoa a capacidade de comunicação.

Por todos os motivos apontados, o aluno deve ser gradualmente habituado a conhecer algumas particularidades do código linguístico e utilizá-las de uma forma espontânea.

Perante o carácter globalizante das actividades que se relacionam com a nossa disciplina e a interacção dos domínios (ouvir/falar, ler/escrever e funcionamento da língua), não procederemos à sua abordagem como unidades isoladas. Tentaremos ter em conta o grau de dificuldade de cada uma delas e partir das mais simples para as mais complexas.

As actividades que se seguem resultam da nossa experiência pedagógica. Algumas delas foram retiradas de manuais, outras foram adaptadas e outras ainda concebidas por nós.

Passaremos então a apresentar, essas actividades de desconstrução de provérbios, porque «desmanchar e fazer, tudo é aprender».

i) Recolher e registar provérbios:

A grelha que se segue pode ser útil para facilitar a sistematização da recolha.

RECOLHAS DO PATRIMÓNIO ORAL – PROVÉRBIOS	
TRABALHAR E GANHAR ENSINAM A GASTAR	Data___/____/____ Tema: (trabalho)
Ficha técnica N.º ____ Fonte (nome): _____ Local _____ Profissão: _____ Data Nascimento ___/____/____ Recolhido por (nome) _____ Obs: _____	

ii) Organizar a recolha de provérbios:

O professor poderá sugerir a organização de um dossier, individual ou colectivo, de provérbios que posteriormente possam ser depositados no centro de documentação escolar. A organização deste dossier poderá seguir um ou mais critérios. Por exemplo por ordem alfabética ou por temas:

Por ordem alfabética:

- A afeição cega a razão.
- A água lava tudo menos as más línguas.
- A albarda nunca pesou ao burro.
- A ambição cega o coração.

Por temas, por exemplo sobre o amor:

- Amor com amor se paga.
- Amor verdadeiro não envelhece.
- Onde manda o amor não há outro senhor.
- Quem o feio ama, bonito lhe parece.

iii) Descobrir provérbios figurados[97]:

– Tenta descobrir os provérbios representados através das "charadas" que se seguem.

---

[97] *Caminhos*, 6.º Ano de Fernanda Costa, Luisa Mendonça, e Rogério Castro, Porto: Porto Editora, 1997, p. 44.

iv) Reconstruir provérbios, fazendo a correspondência entre as partes do mesmo[98]:

– Procura ligar correctamente os que aqui surgem fragmentados:

- Gato escaldado... ...enche a galinha o papo.
- Uma andorinha... ...não se olha a dente.
- Cão que ladra... ...de água fria tem medo.
- A cavalo dado... ...não faz a Primavera.
- Grão a grão... ...não morde.

v) Completar provérbios[99]:

– *Relacionados com a palavra, há também muitos provérbios. Completa os que se seguem*:

- Palavras loucas...
- A bom entendedor...
- Palavras...
- A palavra é de prata...
- As palavras são como as cerejas...

vi) Corrigir provérbios[100]:

– Seguem-se sete provérbios. Acontece, no entanto, que estão todos errados. Por isso, em primeiro lugar, tens de copiá-los correctamente para o teu caderno. De seguida, explica-os oralmente ou por escrito.

- Albarde-se o burro antes do dono.
- O saber não ocupa tempo.
- Mal não julga quem bem não cuida.
- O que ouvires dos outros não ouvirás de ti.
- Quem quer vai e quem manda não quer.
- Quem desdenha quer cantar.
- Senta-te no teu lugar não te farão mal.

---

[98] *Gira Gira,* 5.º Ano de escolaridade, de Antero Monteiro, Jorge Ferreira e Nídia Freitas, Porto: Porto Editora, 1996, p. 115.

[99] *A Magia da Leitura,* 6.º Ano de escolaridade, de Hungria Gomes, Lídia Lopes e Luis Santos, Lisboa: Didáctica Editora, 1997, p. 28.

[100] Id.,Ibid., p. 64.

vii) Organizar provérbios baralhados[101]:

– Descobre e organiza os provérbios:

- Quem canta tem pernas curtas.
- A culpa nunca amargou.
- Cão que ladra seus males espanta.
- A galinha da minha vizinha morreu solteira.
- O que é doce não morde.
- A mentira é sempre melhor que a minha.

viii) Descobrir provérbios dissimulados em definições:

Tenta descobrir os provérbios que se encontram disfarçados nas definições seguintes:

1) Aquele que dá o bolo alimentício feito de massa de farinha de cereais ou de milho, cozido em forno dá o conjunto de normas pedagógicas tendentes ao desenvolvimento geral do corpo e do espírito.
2) Entre homem casado e pessoa adulta do sexo feminino não faças entrar o utensílio para levar à boca líquidos ou substâncias brandas, composto dum cabo e duma parte côncava.
3) Aquele que exerce o sentido da vista sobre as partes anteriores das cabeças, não exerce o sentido de vista sobre os órgãos musculosos, centro das circulações do sangue.

Para te ajudar eis algumas possibilidades de resposta:

- Homem prevenido vale por dois.
- Quem vê caras, não vê corações.
- Do erro alheio, tira o prudente conselho.
- Quem dá o pão dá a educação.
- Entre marido e mulher não metas a colher.

ix) Dissimular provérbios através de definições:

Com o auxílio de um dicionário, tenta dissimular os seguintes provérbios:

- Há muitas maneiras de matar pulgas.

---

[101] *No Reino das Palavras*, 5.º Ano de escolaridade, de Cristina Pessoa e Helena Vicente, Lisboa: Texto Editora, 1992, p. 61.

116 *Os textos tradicionais na aula de português: os provérbios*

- Pelos frutos se conhece a árvore.
- O saber não ocupa lugar.

x) Seleccionar a hipótese de significado mais adequada relativamente a cada provérbio:

1) Explica o sentido dos seguintes provérbios:

- Quem dá o pão dá o castigo.
- Casa onde não há pão todos ralham e ninguém tem razão.
- Pão quente, muito na mão, pouco no ventre.

2) Indica os provérbios que poderiam ser substituídos por:

- Devemos ter paciência para alcançar os nossos objectivos.
- Nem sempre a aparência corresponde à realidade.
- Ter amigos é muito importante.

Para te ajudar eis algumas possibilidades:

- Deitar cedo e cedo erguer dá saúde e faz crescer.
- As aparências iludem.
- A curiosidade matou o gato.
- Quem espera, sempre alcança.
- A amizade não tem preço.

xi) Explicar o significado de provérbios utilizados em determinados textos[102]:

1) A Mafalda disse um provérbio. Transcreve-o.
2) Explica o que pretendia a Mafalda dizer com ele.
3) O Filipe compreendeu o seu significado? Justifica a tua resposta.

---

[102] *Tens a Palavra*, 6.º Ano de escolaridade, de Fernanda Costa, Luísa Mendonça e Rogério de Castro, Porto: Porto Editora, 1993, p. 13.

xii) Relacionar provérbios com contos tradicionais / Fazer intertextualidade entre provérbios[103]:

As bocas do mundo

Era uma vez um homem muito velho que tinha na sua companhia um neto, filho de uma sua filha já falecida, como falecido era o marido desta. Teve o velho de ir a uma feira vender um jumento e como o neto era rapazola muito turbulento, não o quis deixar sozinho em casa, e levou-o consigo. O jumento era já adiantado em anos e o velho para não o estropiar resolveu levá-lo adiante, caminhando a pé avô e neto. Passaram a um lugar onde estava muita gente a brincar na estrada.

– Olhem aqueles brutos! Vão a pé atrás do burro que se não dá da tolice dos donos.

O velho disse ao neto que se pusesse em cima do burro.

Mais adiante passaram próximo doutros sujeitos que se puseram a dizer:

– O mariola do garoto montado, e o velho a pé; o que um tem de esperto tem outro de bruto.

O velho então mandou apear o neto e ele montou-se no burro.

Mais adiante começaram a gritar:

– Olhem o velho se é manhoso! a pobre criança a pé e ele repimpado no burro.

– Salta para cima do burro – ordenou o velho ao neto.

O garoto não esperou que o avô repetisse a ordem e lá foram os dois sobre o jumento.

Andaram assim alguns passos e logo viram muita gente sair-lhes à estrada, cheia de indignação e gritando ameaçadora:

– Infames! Criminosos! Canalhas! Matar o animalzinho com o peso de dois alarves, podendo ir a pé.

O velho e a criança foram obrigados a descer do burro.

Então disse o avô ao neto:

– É para que saibas o que são as línguas do mundo: preso por ter cão e preso por não ter.

Recolha de Ataíde Oliveira
in Contos Tradicionais Portugueses

---

[103] Id., Ibid., p. 11.

Como já, muitas vezes, ouviste dizer: «Quem conta um conto acrescenta um ponto», então dos provérbios seguintes escolhe aquele(s) que poderias igualmente aplicar a este conto e regista-o(s) no teu caderno:

- Por grandes orelhas não vai o burro à feira.
- Cada cabeça, sua sentença.
- Os homens não se medem aos palmos.
- A palavras loucas, orelhas moucas.
- Teus ouvidos selarás, se quiseres viver em paz.
- É leve o fardo no ombro alheio.
- Preso por ter cão e preso por o não ter.

xiii) Descobrir provérbios para legendar imagens[104]:

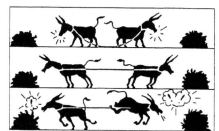 

1) Dos provérbios que se seguem, escolhe o mais adequado à história que a sequência de imagens nos conta.

- Quem vai ao mar perde o lugar.
- A união faz a força.
- Burro velho não aprende línguas.
- Quem desdenha quer comprar.

---

[104] *Palavras Contadas*, 5.º Ano de escolaridade, de Cristina Pessoa, Lisboa: Texto Editora, 1996, p. 158.

2) Dos provérbios que conheces, quais deles escolherias para legendar estas imagens?

xiv) Aplicar provérbios a situações do quotidiano[105]:

– Ordena cada fila de palavras e descobrirás três provérbios:

não	céu	de	vozes	ao	chegam	burro
	ventos	semeia	colhe	quem	tempestades	
a	fracos	dos	reza	história	não	

Agora repara nos seguintes provérbios:

- Mais vale acertar que escolher.
- A verdade não tem pés e anda.
- Palavras loucas, orelhas moucas.

Recordas-te de algum episódio que se tenha passado contigo em que esses provérbios pudessem ser usados? Regista por escrito um desses episódios.

_xv_) Imaginar as situações que deram origem ao aparecimento de determinados provérbios:

Tenta imaginar como surgiram os seguintes provérbios:

- Cesteiro que faz um cesto faz um cento.

---

[105] _Tens a Palavra_, 6.º Ano de escolaridade, de Fernanda Costa, Luísa Mendonça e Rogério de Castro, Porto: Porto Editora, 1993, p. 12.

- Quem tudo quer, tudo perde.
- De pequenino é que se torce o pepino.
- De livro fechado não sai letrado.

xvi) Produzir contos ou textos a que se possam aplicar provérbios[106]:

– Entre os provérbios que abaixo te indicamos, ou outros que tu conheças, escolhe um.

Sozinho ou em grupo, inventa um conto que ilustre o sentido do provérbio que escolheste.

No fim, lê o teu conto à turma. Os teus companheiros terão de descobrir o provérbio que lhe deu origem.

- Não há fumo sem fogo.
- Mais vale um pássaro na mão do que dois a voar.
- Ladrão que rouba a ladrão tem cem anos de perdão.
- Quem o alheio veste na praça o despe.

xvii) Identificar recursos expressivos em provérbios:

Repara nos dois grupos de provérbios que se seguem:

Grupo A	Grupo B
• A verdade é como o azeite, vem sempre à tona da água. • As palavras são como as cerejas, umas puxam as outras. • Um bom conselheiro alumia como um candeeiro.	• A boa educação é moeda de oiro. • A palavra é de prata e o silêncio é de ouro. • Palavras sem obras, são tiros sem balas.

Se verificares, em ambos os grupos há uma aproximação de dois termos:

Grupo A	Grupo B
• verdade = azeite. • palavras = cerejas. • bom conselheiro = candeeiro.	• boa educação = moeda de oiro. • palavra = prata; silêncio = ouro. • palavras sem obras = tiros sem balas.

---

[106] *Caminhos,* 5.º Ano de escolaridade, de Fernanda Costa, Luísa Mendonça e Rogério de Castro, Porto: Porto Editora, 1993, p. 66.

No entanto, existe uma diferença estrutural entre os provérbios do grupo A e do grupo B. Os primeiros estão ligados por uma partícula comparativa (*como*), por isso dizemos que há uma *comparação*; nos segundos não existe partícula de ligação, mas há uma comparação indirecta, por isso dizemos que é uma *metáfora*.

xviii) Os provérbios ao serviço do Funcionamento da Língua:

1) Descobre os provérbios que a seguir te apresentamos, substituindo as palavras sublinhadas por *antónimos*[107]:

- Mais vale cair em desgraça do que ser desengraçado.
- Homem desprevenido vale por dois.
- Deus escreve torto por linhas direitas.
- Galinha magra por muito dinheiro não há no poleiro.
- Pouco choro, muito siso.

2) Classes e subclasses de palavras

2.1) Dos seguintes provérbios, regista aquele(s) que:

- começam com um verbo;
- começam com um nome comum;
- têm adjectivos;
- têm nomes próprios;
- têm pronomes possessivos ou demonstrativos;
- não têm verbos.
- Ovelha que berra, bocado que perde.
- Guarda o que não presta, encontrarás o que precisas.
- Pão quente, muito na mão, pouco no ventre.
- Em casa de Gonçalo, manda mais a galinha que o galo.
- A galinha da minha vizinha é sempre maior que a minha.

2.2) Descobre os *nomes* que completam estes provérbios:
- Nos perigos se conhecem os _____.
- No melhor _____ cai a _____.
- Nunca faças nada sem consultar a _____.
- Não há _____ sem espinhos.

---

[107] *Caminhos*, 6.º Ano de escolaridade, de Fernanda Costa, Luísa Mendonça e Rogério de Castro, Porto: Porto Editora, 1993, p. 48.

Copia-os para o teu caderno diário e classifica-os de acordo com a subclasse a que pertencem.

3) Estudo da frase (formas)

Assinala com uma cruz os provérbios na forma negativa:

- Nunca se perde o bem fazer . . . .   ❏
- Há chuva que seca e sol que refresca. . . . .   ❏
- Não sabe mandar quem nunca soube obedecer. . . . .   ❏

4) Complementos do verbo e da frase

Presta atenção à seguinte explicação:

A1: sujeito tradicional	A2: complemento directo tradicional
pronominalização: eu, tu, ele, isto,...	pronominalização: me, te, se, o, a,...
interrogação: que(m) (é que) + verbo...?	interrogação: (o) que (é que) + A1 + verbo...?

Repara agora nos exemplos:

A ambição cerra o coração	A ambição cerra o coração.
A1	A2
pronominalização: isto cerra o coração.	pronominalização: A ambição cerra-o.
interrogação: que é que cerra o coração? A ambição.	interrogação: o que é que a ambição cerra? O coração.

Tenta agora identificar os A1 e A2 dos seguintes provérbios, seguindo a metodologia indicada:

- A barriga manda a perna.
- O arrependimento lava a culpa.
- A união faz a força.
- O passarinho ama o seu ninho.

PASSATEMPOS / CONCURSO DE PROVÉRBIOS

Os passatempos que a seguir se apresentam são actividades de sistematização de conteúdos do programa, porque «A brincar também se aprende».

i) PALAVRAS CRUZADAS

Horizontais:

1. Modo que exprime uma ordem / conselho. (Ex. "Faz bem não olhes a quem.")
2. Cure; "<u>Ler</u> sem entender é caçar sem colher" Verbo sublinhado no pret. m. q. perfeito do indicat.
3. Determinante possessivo do provérbio (masculino): "Lé com lé, cré com cré, cada um com os da sua ralé"; árdua; antónimo do adjectivo do provérbio: "Boa maçaroca fia quem seu filho cria".
4. Instrumento usado no desenho; tritura.
5. Olhem; pronome relativo do provérbio: "Quem faz mal , espere outro tal".
6. Forma do conjuntivo do verbo ceder; barulho.
7. Costumes; Verbo sublinhado no pret. m. q. perfeito do indicativo "<u>Vem</u> a ventura a quem a procura".
8. Advérbio de tempo; advérbio de lugar, batráquios.
9. Artigo definido do provérbio "As águias não caçam moscas"; pronome indefinido invariável.
10. Aeroplanos; forma do verbo do provérbio: "Dá Deus o frio conforme a roupa".
11. Trovejara; determinante possessivo do provérbio: "Quem te avisa teu amigo é."

Verticais:

1. Pronome demonstrativo invariável; das quais.
2. Antónimo da palavra sublinhada: "Tal pai tal filho"; nome comum do provérbio, no plural: "À mesa não se envelhece".
3. Comichão; atmosfera.
4. Duas vogais iguais;épocas; o pai dos pais;
5. Sinónimo da forma verbal do provérbio: "Muitos poucos fazem muito"; junta.
6. Determinante indefinido do provérbio: "Algum dia será festa na nossa terra"; energia.
7. Futuro imperfeito do indicativo do verbo ter; manifesta alegria; três vogais de leitura.
8. Raiva; desejas.
9. Fútil; caíram.
10. O metal da palavra sublinhada: "O dinheiro compra pão, mas não compra gratidão"; a preposição do provérbio: "Quem vem de longe, vende como quer".
11. Tombamos; antónimo do adjectivo do provérbio: "O bom pano na arca se vende."

ii) SOPA DE PROVÉRBIOS

Nesta grelha estão escondidos os seguintes provérbios:

A cada um aquilo que é seu.
A ocasião faz o ladrão.
A razão espanta o medo.
Amigo não empata amigo.
Com fogo não se brinca.
Cada um é um.
Dá, que não peças.
Deus não dorme.
Errar é humano.
Moça louçã, cabeça vã.
Não há mel sem fel.
O barato sai caro.
O calado vence tudo.
Onde há fumo, há fogo.
Quem escuta de si ouve.
Quem tem boca vai a Roma.
Querer é poder.
Um doido fará cem.
Um por todos, todos por um.
Vista faz fé.

A	M	I	G	O	N	Ã	O	E	M	P	A	T	A	A	M	I	G	O	A
C	O	M	F	O	G	O	N	Ã	O	S	E	B	R	I	N	C	A	R	M
A	Ç	C	Y	O	D	U	T	E	C	N	E	V	O	D	A	L	A	C	O
D	A	U	A	Q	U	E	R	E	R	É	P	O	D	E	R	Z	E	N	R
A	L	M	W	S	D	O	Z	Q	X	O	P	A	R	Ç	Ã	E	D	Ã	A
U	O	D	E	C	I	I	N	P	D	A	D	F	E	O	T	E	Á	O	I
M	U	O	M	A	L	Ã	O	A	I	F	J	G	E	U	H	M	Q	H	A
A	Ç	I	R	D	B	T	O	L	M	U	E	S	T	Á	B	J	U	Á	V
Q	A	D	O	A	N	H	A	F	R	U	P	J	F	O	R	T	E	M	A
U	C	O	D	U	D	O	S	C	A	A	H	U	T	R	D	U	N	E	C
I	A	F	O	M	B	R	J	Ç	N	Z	M	É	B	E	R	T	Ã	L	O
L	B	A	Ã	É	U	E	R	T	S	O	O	N	R	O	R	G	O	S	B
O	E	R	N	U	O	C	A	N	H	O	S	L	O	A	I	R	P	E	M
Q	Ç	Á	S	M	U	O	P	Á	I	F	N	L	A	M	R	S	E	M	E
U	A	C	U	R	M	Y	F	A	C	I	L	I	S	D	E	R	Ç	F	T
E	V	E	E	E	D	O	N	D	E	R	I	R	P	U	R	L	A	E	M
E	Ã	M	D	R	G	V	I	S	T	A	F	A	Z	F	É	Ã	S	L	E
S	U	O	F	O	B	A	R	A	T	O	S	A	I	C	A	R	O	R	U
E	R	E	V	U	O	I	S	E	D	A	T	U	C	S	E	M	E	U	Q
U	M	P	O	R	T	O	D	O	S	T	O	D	O	S	P	O	R	U	M

Tenta descobrí-los e apresenta à turma um à tua escolha, inventando uma situação diária a que se possa aplicar.

iii) PROVÉRBIOS ESCONDIDOS

R	A	I	O	N	H	E	P	R	M	M	S	A	N	T	O
M	O	S	A		D	A	E	U	E	S	M	C	O	X	I
	A	P	S		Q	U			U			E		S	E
M															

Nesta grelha encontra-se um provérbio. Descobri-lo-ás colocando convenientemente as letras de cada coluna nas casas situadas por baixo. As casas a cinzento separam as diferentes palavras. Mas, atenção: se no fim ou no início de uma linha não houver um quadradinho preto, significa que a palavra foi dividida, continuando na linha seguinte.

(solução: Mais depressa se apanha um mentiroso que um coxo)

iv) PROVÉRBIOS EM LABIRINTO

Para descobrires o provérbio, começa pela letra assinalada. Sem levantar o bico do lápis, segue letra a letra, para baixo, para cima, ou para os lados. Não há saltos, nem diagonais…

		L	A		
	E	U	Q	M	M	E
U	N	A	H	O	,	N
N	C	B	**N**	Ã	E	R	U
	A	E	M	Q		E	D
	A	C	E	U	P	R
E	B	A	S	E	M

(Solução: não há bem que sempre dure, nem mal que nunca acabe)

v) JOGO DA GLÓRIA

Como diz o ditado, «O saber não está todo numa só cabeça», portanto, em grupos de seis podem jogar um jogo "da glória" muito especial. Para aumentarem as vossas hipóteses de ganhar, podem começar por fazer uma recolha de provérbios e organizar um caderno de provérbios.

– A linha de casas azuis tem prémios ou castigos.
– As casas verdes e vermelhas correspondem a perguntas sobre provérbios. Quem não lhe souber responder fica uma vez sem jogar.

Material (para cada grupo): 1 dado, 5 marquinhas, 3 cadernos de provérbios

Jogadores

Para cada grupo deverão escolher um chefe de jogo que será, de preferência, o aluno com mais dificuldades em Português. Será ele a fazer as perguntas e controlar as respostas, a distribuir prémios e castigos.

Conselhos aos jogadores que perdem:

Não deves ficar muito triste ou de mau humor. Perder não significa ser menos inteligente do que os outros. Afinal «errar é de homens; só não erra quem não trabalha». A sorte não esteve do teu lado... ou talvez precises de continuar a trabalhar na recolha de provérbios. Mas consola-te. Jogar já foi uma forma de aprender. Quem sabe, se na desforra....

Conselhos aos jogadores que ganham:

Parabéns! Mas atenção!... Não expresses exageradamente a tua alegria, pois «o rir e o zombar não há-de passar de brincar». Como diz o provérbio «não faças aos outros o que não queres que te façam a ti».

Casas azuis:

Quando, mediante o prémio destas casas vais parar a uma casa com pergunta, terás de lhe saber responder, se isso não acontecer ficas uma vez sem jogar.

2. A professora fez uma pergunta. Tu primeiro encontraste a resposta e depois puseste o braço no ar a pedir a palavra. Avança para a casa 6.

Os provérbios nas aulas de Língua Portuguesa

11. Na fila do bar, tentaste passar à frente dos teus colegas e estiveste a empurrá-los. Vais ser o último a ser atendido. <u>Recua 1 casa.</u>

16. No recreio, deixaste cair ao chão o papel do chocolate: Apanhaste-o e foste colocá-lo no caixote do lixo. <u>Avança 3 casas.</u>

25. Estavas distraído e com o teu lápis foste fazendo desenhos na tua mesa. No intervalo, nem te lembraste de pedir um pano húmido à empregada para limpar a tua "obra". <u>Recua 2 casas.</u>

30. A tua turma resolveu encenar uma peça de teatro. Mas havia alguns problemas; uma esquecia-se da sua parte, outro era demasiado baixo, outra demasiado gorda. Com a ajuda das tuas ideias todos puderam entrar. <u>Passa para a casa seguinte à do jogador que vai, neste momento, em primeiro lugar.</u>

39. Mais uma vez, nem te preocupaste em pôr o braço no ar para pedir para falar. <u>Volta para a casa n.º23.</u>

44. Acabada a aula, arrumaste a cadeira antes de saíres. <u>Avança duas casas.</u>

49. Esqueceste-te de fazer a ficha de leitura. <u>Recua 2 casas.</u>

58. Ouviste um colega expressar uma opinião semelhante à tua. Baixaste o braço pensando "Fica para a próxima!" <u>Avança 3 casas.</u>

63. Para os teus anos pediste uma prenda diferente: um livro. E lá foste com o teu encarregado de educação, à livraria, escolhê-lo. <u>Avança 4 casas.</u>

72. Como não tinhas o que fazer, resolveste implicar com os mais pequenos, não os deixando sossegados. <u>Volta para a casa 62.</u>

77. Acordaste de tão mau humor que, quando na escola te ralharam, respondeste com insultos. <u>Volta para a casa 66.</u>

Casas verdes ou vermelhas:

5. Conclui, completando com as seguintes palavras: *mensagem, textos, ensinam, ritmo, aconselham, alertam, poesia, musicalidade.*
Os provérbios são _____ que nos _____ grandes lições de vida, que _____ , que nos _____ Eles mostram-nos que o _____ é um recurso importante para transmitir uma _____.
A sua _____ aproxima este tipo de textos da _____.

6. Explica o sentido do seguinte provérbio: «Quem dá o pão dá o castigo».

7. Corrige o seguinte provérbio: «Deitar cedo e cedo erguer dá saúde e faz comer».

13. Descobre o provérbio, substituindo as palavras sublinhadas por antónimos:«Quem <u>pouco</u> dorme<u>, muito</u> aprende»

19. Identifica o tipo e a forma da frase: «Não guardes para amanhã o que podes fazer hoje».

20. Indica um provérbio que possa ser substituído por: – pouco a pouco vou eu aprendendo –.
21. Diz um provérbio que comece por um verbo.
27. Indica o sujeito do seguinte provérbio: «Grão a grão enche a galinha o papo».
33. Diz um provérbio relacionado com a escola.
34. Explica o provérbio: «Deus ajuda quem cedo madruga».
35. Ordena alfabeticamente as palavras que constituem o provérbio: «Quem sabe nunca esquece».
41. Corrige e completa os dois provérbios que se encontram misturados: – Quem vê caras, vale por dois –.
47. Indica as funções sintácticas presentes no seguinte provérbio: «Os rios correm para o mar».
53. Indica um provérbio que possa ser substituído por: – as coisas nem sempre são o que parecem – .
54. Corrige o seguinte provérbio: «Vale mais um gato na mão que dois a miar».
61. Diz um provérbio que comece por um nome comum.
67. Explica o provérbio: «Tão ladrão é o que vai à horta como o que fica à porta».
68. Observa o provérbio: «Palavras sem obras são tiros sem balas». Identifica a figura de estilo.
69. Explica o sentido do seguinte provérbio: «Devagar se vai ao longe».
75. Diz um provérbio que não tenha verbos.

Pensamos que é importante salientar as várias funções deste jogo. Diverte, favorece a interiorização dos princípios de justiça, tolerância, solidariedade e cooperação, incentiva à recolha do património oral, sistematiza os conhecimentos adquiridos ao longo das aulas, etc.

vi) CONCURSO DE PROVÉRBIOS

Este concurso foi organizado por nós, na Escola Monsenhor Jerónimo do Amaral, no ano lectivo de 1995. Fazia parte de um projecto, no âmbito da Educação Especial.

O objectivo deste projecto foi contribuir para a melhoria da qualidade de vida escolar de uma aluna de 9.º Ano, que pela sua deficiência tinha graves problemas de ordem afectiva, cognitiva e de integração.

Como o povo diz, e com razão, «para colher é preciso semear», esta foi a semente que nós lançamos e após algum tempo, pudemos afirmar que apesar de «um grão não enche(r) o celeiro…» sem dúvida que «ajuda o seu companheiro».

Uma parte do concurso consistia em decifrar provérbios que, a título de exemplo, passaremos a apresentar:

Os alunos preenchiam uns pequenos cupões:

CONCURSO "ENIGMA"

Depois de teres preenchido o teu cupão, coloca-o na caixa. Ficarás assim habilitado(a) a ganhar um prémio surpresa por semana.

Serão considerados válidos os cupões recebidos até à Sexta feira anterior a cada um dos sorteios, estes efectuar-se-ão à Segunda feira.

Fica atento ao resultado do sorteio.

NOME:

DATA:

ANO: TURMA: Nº

CARTÃO:

RESPOSTA: _____

130   *Os textos tradicionais na aula de português: os provérbios*

Periodicamente procedia-se ao sorteio e eram atribuídos prémios aos vencedores.

Como já antes salientámos a importância do envolvimento directo dos alunos nas suas próprias aprendizagens, este foi um caso que veio confirmar essa mesma importância. A Joana fez a recolha de provérbios (e fraseologias), seguidamente fizemos a sua codificação, o regulamento e os cupões do concurso, elaborámos cartazes de divulgação muito chamativos e finalmente o concurso. Desta forma, foi possível fomentar a participação da aluna na vida escolar (até então todos os professores se queixavam da sua falta de motivação e interesses), colaborando, com um entusiasmo contagiante, na dinamização da escola. Para além de se ter conseguido atingir o objectivo visado, foi também muito curioso e gratificante verificar o envolvimento dos restantes alunos, que aproveitavam todos os momentos livres para participar nesta actividade lúdico-pedagógica.

Poder-nos-íamos alongar nos exemplos, ou enveredar por outros caminhos. No entanto, entre muitos outros percursos possíveis, propos-se o da recolha de provérbios, numa perspectiva de interacção escola / meio e suas aplicações pedagógicas, de construção, desconstrução e aplicação a situações do quotidiano, pois, como Charles Bally afirma: "C'est en regardant fonctioner la langue qu'on lui arracherait ses secrets[108]."

A Literatura Infantil é um outro itinerário possível para a exploração dos provérbios. Por considerarmos que esta área permite aprofundar a ligação afectiva dos alunos com a leitura e nos pode oferecer um leque variado de actividades conducentes a um melhor conhecimento da nossa cultura, dedicar-lhe-emos a nossa atenção ao longo do último capítulo desta dissertação.

---

[108] BALLY, Charles, Ibid., p. 136.

VII. Os provérbios nas obras de literatura infantil

Ao longo deste capítulo tentaremos, num primeiro momento, apresentar algumas definições de literatura infantil, no sentido de balizarmos, com algum rigor, o campo da nossa reflexão. Num segundo momento daremos conta da vitalidade dos provérbios em algumas obras de literatura infantil de autores portugueses. Seguidamente, tentaremos fazer uma análise contextual do provérbio «Quem dá aos pobres, empresta a Deus», que se encontra na obra *"A Fada Oriana"*, de Sophia de Mello Breyner Andresen. Finalmente, apresentaremos algumas considerações sobre a didáctica específica desta Literatura.

1. Conceito e funções da literatura infantil

No momento actual, em que tanto se fala na crise da leitura, torna-se urgente reflectir sobre determinadas questões que se prendem com as encruzilhadas da literatura infantil. Pois, a etapa de transição em que nos encontramos suscita-nos grandes preocupações relativamente ao papel desta literatura, para a formação da criança seduzida por tecnologias, que, vertiginosamente, a afastam dos valores morais e da convivência social.

Concordamos com Carmen Bravo Villasante[109], quando afirma:

> Cuando se piensa que la cuarta parte de la vida de un hombre pertenece a la infancia y a la juventud, no es posible desdeñar de la literatura infantil y juvenil, y más cuando esa literatura ha producido obras maestras o ha determinado corrientes culturales de enorme interés.

É dentro deste quadro de preocupações que se inscreve a abordagem sumária de determinados aspectos que se prendem com esta literatura, cujas delimitações fronteiriças são algo polémicas. Pois, se antes eram as

---

[109] VILLASANTE, Carmen, *História y Antologia de la Literatura Infantil Universal*, Valladolid: Editorial Miñon, S.A., 1988, Tomo I, pp. 7-8.

132   *Os textos tradicionais na aula de português: os provérbios*

crianças que liam os livros destinados aos adultos, actualmente, são os adultos que se deliciam com a literatura infantil, pela sua qualidade.

O conceito de literatura infantil é muito ambíguo e encarado, por diversos autores, em perspectivas diferentes. Ou se insiste no destinatário e a literatura infantil é considerada como «obra artística destinada a um público infantil»[110]; ou se acentua o artístico e o lúdico próprio dessas idades e, assim, na literatura infantil «integram-se todas as manifestações e actividades que têm como base a palavra com finalidade artística ou lúdica que interessam à criança»[111]; ou serve de veículo para «introduzir a criança na cultura ou facilitar a aquisição do caudal de conhecimentos que lhe fazem falta»[112]; ou a sua finalidade será «estimular a imaginação, desenvolver o sentido de humor, encorajar o gosto pela literatura em geral e alargar a compreensão de outras raças e países»[113]; ou serve para «incrementar e consolidar o gosto estético e o hábito leitor e do conhecimento literário dimanam consequentes deligências de toda a ordem»[114].

Por todos estes atributos da literatura infantil, concordamos com a opinião de que:

> (...) não se deverá negligenciar o papel da literatura infanto-juvenil, numa pedagogia para o sucesso em que, salientamos, a leitura não tem por objectivo apenas o desenvolvimento da capacidade de decifrar/ /descodificar o texto escrito, mas onde se cultiva o gosto e o prazer de ler.[115]

Isto é, podemos concluir que as opiniões sobre o conceito e funções da literatura infantil convergem na sua essência, destacando-se como condições fundamentais: *obra de arte, atractivo lúdico* e *interesse por parte da criança leitora.*

---

[110] BORTULUSSI, Marisa, *Análisis teórico del cuento infantil*, Madrid: Alhambra, 1985, p. 16.

[111] CERVERA, Juan, *La Literatura Infantil en la education básica*, Madrid: Cincel, 1985, p. 16.

[112] CERVERA, Juan,*Teoria de la Literatura Infantil*, Bilbao: Ediciones Mensajero, Universidad de Deusto, 1991, p. 14.

[113] PIRES, Maria Laura, *História da Literatura infantil Portuguesa*, Lisboa: Editorial Vega, p. 91.

[114] PADILHA, Arturo, *Didáctica de la Lengua y la Literatura*, Madrid: Ediciones ANAYA, 1988, p. 515.

[115] BASTOS, Glória, in *Didáctica do Português*, Lisboa: Universidade Aberta, 1991, p. 171.

2. A literatura infantil e a criança

A partir das considerações anteriores, podemos agora encarar mais facilmente uma questão que nos parece importante: se a Literatura Infantil, como já vimos, deve reunir as condições de obra de arte e ser um atractivo lúdico para despertar o interesse do destinatário e satisfazer as suas necessidades, face à heterogeneidade de situações que encontramos na mesma faixa etária, como descobrir as carências próprias de cada criança e o tipo de livro mais adequado para as satisfazer?

Numa tentativa de resposta a esta questão, começaremos por considerar que o marco de referências com que conta a criança é muito reduzido, dada a sua escassa experiência vivencial. Por outro lado, não é fácil descobrir as suas exigências literárias. Se é verdade que todas as crianças têm processos de desenvolvimento semelhantes, não é menos verdade que a multiplicidade de ambientes e vivências cedo começa a distinguí-las. No entanto, o autor e educador deverão, de alguma forma, ter uma ideia aproximada do seu nível de desenvolvimento, e ter igualmente a consciência de que a literatura infantil está directamente relacionada com outras manifestações e actividades, desde a música, a dança, o cinema, a televisão, entre outras.

Desta forma, podemos afirmar que os contactos da criança com a literatura infantil são múltiplos e variados. Assim, o prazer de ler é precedido do prazer de ouvir, jogar, cantar dançar, etc.... O nosso papel como professores será de manter vivo esse prazer. Como afirma Arturo Medina Padilha[116]:

> Hacer sentir al niño la emoción de la palabra bella, percibir la belleza a través de los textos literários, comulgar con el arte que es una forma desinteresada de interpretar al hombre y al mundo... son presupuestos a tener en cuenta en el acercamiento del niño a la literatura.

O que é, neste ponto, essencial é analisarmos o modo específico por que a obra literária ajuda a criança a descobrir a sua própria identidade; conhecer melhor o mundo à sua volta; assumir uma postura correcta perante a resolução de problemas sociais; desenvolver a criatividade; relacionar os novos conhecimentos com os anteriores. Por isso mesmo, os textos literários devem oferecer modelos linguísticos que desafiem a reflexão, incitem a curiosidade e estimulem a imaginação. Pois, segundo Marcel Postic[117]:

---

[116] PADILHA, Arturo, Ibid., p. 18.

[117] POSTIC, Marcel, *O Imaginário na Relação Pedagógica*, Rio Tinto: Edições Asa, 1992, p. 13.

134 Os textos tradicionais na aula de português: os provérbios

Imaginar é uma actividade de reconstrução, inclusive de transformação do real em função das significações que conferimos aos acontecimentos ou das repercussões interiores que têm em nós. Não é um recuo relativamente ao mundo real, é seguir em simultâneo uma via paralela.

A função principal do imaginário, neste contexto, é levar a criança a descobrir laços entre si e o mundo que a rodeia, a interiorizar significações e valores, numa fase em que se processa a construção da sua personalidade. Neste sentido, a literatura, através do poder encantatório da palavra, transmite a riqueza da experiência humana e entrelaça o real com o maravilhoso. Partindo da recepção que os contos infantis têm, por parte da criança, compete à escola a tarefa de transformar estes jovens em leitores críticos.

Vejamos em que medida as aulas de Português do 2.° Ciclo do Ensino Básico vão abrindo as portas à Literatura Infantil.

3. A literatura infantil nas aulas de Português de 2.° Ciclo

Uma das funções básicas da escola é proporcionar aos aprendentes, mediante o convívio reflectido com os textos, o desenvolvimento pleno quer das capacidades inerentes ao acto da leitura e da escrita quer dos hábitos e valores que as promovem e transformam em práticas culturais efectivas[118].

Sem dúvida que as aulas de Português do 2.° Ciclo do Ensino Básico vão abrindo as portas à Literatura Infantil, valorizando educativamente essa mesma literatura. Para além das orientações do Programa de Língua Portuguesa, é muito comum a promoção das chamadas *Bibliotecas de Turma*, espaços privilegiados para troca de livros, leituras e comentários dos mesmos.

O contacto da criança com a leitura de obras narrativas, por muito motivadoras que sejam, tem que se estimular mediante a curiosidade do leitor pela palavra e pelo prazer que a leitura possa suscitar. Deveremos, para tal, ter em conta procedimentos didácticos como: inteirarmo-nos dos conhecimentos que os alunos já possuem e partir deles para trabalhar o texto; apresentar o livro, de modo que os alunos o possam compreender e interpretar, e de modo que esse processo seja relacionado com as suas

---

[118] AMOR, Emília, Ibid., p. 82.

vivências e o seu próprio conhecimento do mundo. Este trabalho com o livro não deverá ficar por uma simples leitura e interpretação, mas sim funcionar como ponto de partida para trabalhos posteriores, que incluam produção escrita, de prferência em diferentes tipos de texto e exercitar os domínios: ouvir/falar, ler/escrever e funcionamento da língua.

A todas estas considerações está subjacente a qualidade da obra que se pretende que o aluno leia. É conveniente recordar que esta fase escolar vai dos nove aos onze anos, em que os hábitos de leitura praticamente ainda não existem. Sabemos que só se aprende a ler lendo, mas também sabemos que nem todas as leituras são de qualidade. Para isso é imprescindível, como já referimos, o critério de escolha das obras, que terá por base a qualidade e a sintonia com os interesses das crianças e, ao mesmo tempo, determinados valores instrutivos impostos pela sociedade. O livro certo, nas mãos do aluno/leitor certo, proporciona o clima certo para aprender a pensar, aprender a partilhar, aprender a criticar.

Estas preocupações educativas não são novas, senão repare-se nas razões expostas por Sócrates a Adimanto, nos Diálogos que configuram a República de Platão[119]:

> (...)
> – Ora tu sabes que, em qualquer empreendimento, o mais trabalhoso é o começo, sobretudo para quem for novo e tenro? Pois é sobretudo nessa altura que se é moldado, e se enterra a matriz que alguém queira imprimir numa pessoa?
> – Absolutamente.
> – Ora pois, havemos de consentir sem mais que as crianças escutem fábulas fabricadas ao acaso por quem calhar, e recolham na sua alma opiniões na sua maior parte contrárias às que, quando crescerem, entendemos que deverão ter?
> – Não consentiremos de maneira nenhuma.
> – Logo, devemos começar por vigiar os autores das fábulas, e seleccionar as que forem boas, e proscrever as más. As que forem escolhidas, persuadiremos as amas e as mães a contá-las às crianças, e a moldar as suas almas por meio de fábulas, com muito mais cuidado do que os corpos com as mãos. Das que agora se contam, a maioria deve rejeitar-se.

O texto citado poderia servir-nos para atribuir à doutrina platónica a origem da preocupação educativa pelas criações literárias dedicadas à

---

[119] PLATÃO, *A República*, Lisboa: Fundação Caloustre Gulbenkian, 6ª ed., 1990, pp. 87-88.

infância. Contudo, podemos afirmar que actualmente esta preocupação continua a existir. A atestar esse facto estão os inúmeros congressos, feiras, exposições, conferências que se realizam frequentemente a nível mundial, tendo em conta os estadios de desenvolvimento da criança, hoje (salvaguardamos lamentando, as intenções consumistas com peso inelutável).

4. A vitalidade dos provérbios nas obras de literatura infantil

Podemos afirmar sem qualquer receio ou reserva que uma grande parte da literatura infantil representa, tal como o provérbio, a alma do povo e as suas raízes e ambos compartilham a mesma génese, que é a transmissão oral:

> Contar e ouvir histórias é por certo uma das mais antigas actividades humanas. E, se considerarmos que a literatura é constituída não só pelas obras escritas, mas também pelas faladas, podemos dizer que, desde tempos muito recuados e nas mais diversas nações, se encontram formas narrativas orais que estão na génese de toda a literatura e em particular da literatura infantil[120].

Os laços familiares continuam a existir e os provérbios visitam as obras de literatura infantil com alguma frequência. Para além dos contos tradicionais a que já fizemos alusão, eles aparecem em muitas obras de que são exemplo: em "Chocolate à Chuva" de Alice Vieira, em que, num contexto de diversão várias crianças se divertem papagueando provérbios («trabalha e cria , terás alegria»; «deitar cedo e cedo erguer, dá saúde e faz crescer»; «quem boa cama fizer, nela se deitará»; «a palavras loucas, orelhas moucas»; «duro com duro não faz bom muro»; «a galinha da minha vizinha é sempre maior que a minha»; «guarda o que não presta, acharás o que é preciso»); em "Pedro Alecrim", de António Mota, em que o Carlinhos Pastor, enquanto guarda o seu rebanho, é convidado pelo Nicolau, para ir à escola e ele responde que «burro velho não aprende...»; em "A esperteza da raposa" de António Sérgio, quando um rapazinho tem pena do lobo que está preso, solta-o e este tenta comê-lo, então o rapaz refere «por bem fazer, mal haver»; em "Mestre Grilo cantava e a Giganta dormia" de Aquilino Ribeiro, quando o grilo se queixa da abóbora, porque lhe está quase a tapar a toca e diz «de vizinho danoso morreu Barroso».

---

[120] PIRES, Maria Laura, Ibid., p. 19.

Os provérbios nas obras de literatura infantil 137

Estes são apenas alguns exemplos das boas relações de parentesco entre os provérbios e as obras de Literatura Infantil. Seria interessante aprofundar este aspecto, no entanto, dada a abundância destas obras não nos será possível, no âmbito deste trabalho, efectuar um estudo exaustivo de cada uma delas. Contudo, e no sentido de possibilitar uma reflexão mais circunstanciada, tentaremos fazer uma abordagem de uma dessas obras – A Fada Oriana – de Sophia de Mello Breyner Andresen, em que se inscreve o provérbio «quem dá aos pobres, empresta a Deus». A escolha desta obra prende-se essencialmente com o facto de constar no Programa de Língua Portuguesa de 2.º Ciclo, para Leitura Orientada e também por ser uma obra que tem muita receptividade por parte dos alunos.

Sendo o objectivo primordial deste trabalho o texto proverbial, a análise que se segue da referida obra será feita em função do provérbio citado. No entanto, no sentido de enquadrar melhor a acção, iniciaremos com um breve resumo da mesma.

4.1. *Estrutura da obra* A Fada Oriana[121]

O livro tem uma apresentação bastante agradável, desde a ilustração da capa e das primeiras folhas interiores verdes, da mesma cor do texto (cor sugestiva carregada de significado, que se poderá explorar), até ao tamanho das letras (facilitador da leitura) e à simplicidade das ilustrações. A obra apresenta-se dividida por nove capítulos, cada um com o seu título. Numa primeira observação destes títulos, podemos inferir que quase todos se relacionam com seres maravilhosos. Vejamos muito brevemente como decorre a acção desta narrativa.

4.2. *Resumo da acção*

O livro inicia-se assim: "Há duas espécies de fadas: as fadas boas e as fadas más. As fadas boas fazem coisas boas e as fadas más fazem coisas más."[122]

Após a descrição de umas e outras, a autora dá a conhecer o comportamento da Fada Oriana (fada boa), as suas funções e o seu relacionamento com as outras personagens. A Rainha das Fadas destinou-lhe a mis-

---

[121] ANDRESEN, Sophia de Mello Breyner, *A Fada Oriana*, Porto: Livraria Figueirinhas, 26ª ed., 1997.

[122] Id., Ibid., p. 5.

são de proteger a floresta e os seus habitantes. Oriana aceitou a missão que lhe preenchia todos os momentos da sua vida.

Inicialmente, esta pequena criatura vive em total harmonia com os animais, as plantas e os homens que tutela. O seu dom principal é a caridade e a dedicação total aos outros. Com a sua benevolência e vivacidade, ela transforma um mundo onde a miséria abunda, num local aprazível e harmonioso. Com a ajuda dos instrumentos mágicos (a varinha de condão e as asas), Oriana arquitecta as suas habilidades mágicas, guarnecendo as casas que visita. O lenhador, o moleiro, a velha, o Homem muito rico e o poeta são os principais destinatários da sua ajuda e representam várias facetas da vida humana.

Esta situação de harmonia foi posta em perigo por um incidente que levou Oriana a observar a sua própria imagem reflectida na água. Desencadeia-se, então, uma sucessão de infracções e a subversão começa a irromper.

Oriana apaixona-se por si própria, como narciso e esta sua atitude é agudizada por um peixe a quem ela tinha salvo a vida. O peixe enaltece a sua presunção e a fada esquece-se da promessa que fizera à rainha das fadas, dedicando todos os seus momentos ao culto da sua própria beleza.

Em virtude do abandono dos que dela dependiam, Oriana é severamente punida pela Rainha das Fadas. A mesma entidade que lhe concedeu os poderes, e os instrumentos mágicos (asas e varinha de condão), transforma-a agora num ser terráquio, retirando-lhe os dons do ser maravilhoso. Oriana mostra-se arrependida e a Rainha das Fadas obriga-a a reparar todo o mal.

Ao avaliar o estado de abandono em que se encontra a floresta, Oriana confronta-se com o sofrimento dos seus amigos e, não sendo reconhecida por eles, é torturada pela humilhação e desprezo com que estes a tratam. Ainda durante este percurso de avaliação, Oriana é interpelada pela voz fascinante da Rainha das Fadas Más, que lhe propõe tarefas de destruição, em troca de umas asas maravilhosas, mas Oriana não aceita, preferindo continuar o árduo caminho do arrependimento.

A resolução do conflito efectua-se por um gesto de salvação, tal como no início do conto. A prova apoteótica da pequena fada é a queda no abismo para salvar a velha, esquecendo-se de si própria e entregando-se totalmente aos outros. Com esta atitude altruísta, Oriana consegue reconquistar a sua graça de entidade maravilhosa, através de um renascimento simbólico: o advento das suas asas. Finalmente Oriana pode retomar a floresta e os seus habitantes a seu cargo e restabelecer a harmonia na perturbação que ela própria provocou.

4.3. *O espaço*

O espaço natural preferido por Oriana é a floresta, onde as metamorfoses são possíveis. É aqui que Oriana pode intervir, mantendo uma relação privilegiada com a natureza.

De salientar o espaço onde dorme Oriana "dentro do tronco de um carvalho". Esta árvore, espécie nobre, pela sua verticalidade, remete-nos para a ligação que poderá estabelecer através das suas raizes com o solo, em que se encontra fixa, o seu tronco em comunicação com o mundo «real» e os seus ramos que aproximam a Terra do Céu. Para além deste estatuto de comunicador entre os vários espaços, ela própria encarna um espaço que acolhe um ser maravilhoso e onde se processam as transformações, como podemos verificar: *"Era um tronco forte, áspero, negro. E Oriana rodeou-o com os seus braços e colou a cara à casca rugosa. Então a árvore baixou-se e, com os seus ramos, pegou nela ao colo. Cobriu-a com uma folhagem e pôs duas folhas sobre os seus olhos. E Oriana adormeceu..."*[123].

Em confronto com este espaço maravilhoso que é a floresta, está a cidade. As suas diferenças são acentuadas pelo percurso que a velha tem que fazer entre uma e outra para vender a lenha: *"...o caminho que ia da floresta para a cidade passava ao lado de grandes abismos, onde a velha poderia cair se a fada não a guiasse"*.[124] Mas estes perigos agudizam-se ainda mais dentro da própria cidade: *"As ruas eram escuras e estreitas e sujas. Tão escuras, tão estreitas, tão sujas, que o sol, quando ali chegava empalidecia."*[125], ao contrário da floresta: *"Mil raios de sol atravessavam a floresta. Oriana viu o céu azul através das folhas verdes. Espreguiçou-se, respirando fundo os perfumes da terra"*[126]. De salientar ainda o percurso circular que as personagens fazem, movimentando-se entre estes dois espaços: floresta-cidade-floresta. A cidade aparece aqui revestida de sofrimento, a contrastar com a floresta, um local de encantamento, paz e harmonia.

---

[123] Id.,Ibid., p. 65.
[124] Id.,Ibid., p. 11.
[125] Id.,Ibid., p. 56.
[126] Id.,Ibid., p. 65.

4.4. *O tempo*

A história da Fada Oriana inicia-se com a fórmula "Era uma vez". Esta expressão é a forma mágica que serve de entrada para o reino maravilhoso. Por outro lado, a autora não assume a responsabilidade do conto como autora, ela encarna o papel de transmissora de algo que aconteceu num tempo fora do tempo.

A passagem do tempo é cronometrada pelas mudanças de estação sucessivas: *"Passou um Verão, passou um Outono, passou um Inverno. E chegou a Primavera"*[127]. O decorrer dos dias é repetidamente assinalado pelas visitas à casa da velha, do lenhador e do moleiro, onde, invisivelmente cumpre as suas tarefas de fada. À noite, o seu local de eleição é a torre do poeta.

4.5. *As personagens*

A Fada Oriana é uma menina que vive na floresta e aparece como figura modelar e simultaneamente passível das fraquezas humanas. É uma personagem modelada, pois, altera o seu comportamento inicial que a caracterizava psicologicamente. Ela nunca assume uma densidade psicológica geradora de complexidade e de dinamismo interno, adopta uma atitude passiva, contemplando-se a si própria. Esta sua passividade desencadeia um conjunto de consequências graves. Oriana começa por representar o divino, é caracterizada pela ajuda aos pobres, mas, a partir do momento em que se deixa dominar pelos valores da Terra, é severamente castigada e só terá um caminho para a salvação: a tomada de consciência do mal que fez e o remorso que a conduzirá à expiação. Foi o que aconteceu quando, para salvar a velha, pôs em risco a sua própria vida.

A velha, o moleiro e o lenhador simbolizam diversos aspectos da vida humana, que, pela sua condição de pobreza e humildade, merecem toda a simpatia dos leitores e toda a atenção de uma fada que se orgulhe da sua missão.

O poeta é caracterizado como um ser eleito por natureza, uma pessoa sensível que depende da fada para realizar os seus poemas. Este é o único adulto que tem o privilégio de ver a Fada, estabelecendo com ela uma certa cumplicidade: *"Oriana pediu o poeta, encanta a noite.*

---

[127] Id.,Ibid., p. 8.

Então Oriana tocou com a sua varinha de condão na noite e a noite ficou encantada"[128]. Os seus encontros terminavam sempre com as doze badaladas da meia noite: hora mágica.

A arte surge aqui, simbolizada pelo poeta, como uma acção libertadora, a busca da perfeição. As necessidades do poeta não são de origem material, mas sim espiritual. Ele precisa de Oriana, pela inspiração que esta lhe consegue transmitir, como mensageira do sagrado, como símbolo de beleza.

Após esta breve análise, podemos inferir que este é um conto que destaca os efeitos das forças obscuras da vida (desconhecidas e incontroláveis) versus forças claras (aquela parte da vida que podemos, de alguma forma, controlar e conhecer). O conto é complexo e, por isso, muito sugestivo. A direcção da intriga é orientada por uma pequena fada, que opera nos mistérios da natureza e na psique do homem.

Esta literatura tem um valor ímpar, porque oferece à imaginação da criança novas dimensões que, só por si, não conseguiria descobrir, e ao mesmo tempo estabelece um confronto entre a criança e os dilemas da vida real, o que contribui, em grande escala, para o desenvolvimento da sua personalidade. Segundo Bruno Bettelheim[129]

> (…) à medida que a criança vai fazendo girar os seus fantasmas em torno da história… vai-se familiarizando com a maneira como o génio responde à frustração e à prisão, o que é um importante passo para se familiarizar com as reacções paralelas dentro de si. Sendo um conto de fadas, de um país imaginário, a oferecer à criança estes modelos de comportamento, ela pode fazer oscilá-los no seu espírito entre «É verdade, é assim que uma pessoa procede e reage» e «É tudo mentira, não é senão uma história», tudo depende do facto de estar ou não apta a reconhecer tais processos em si própria.

Ao longo desta obra são abordados valores morais indiscutíveis que podemos resumir no provérbio «Quem dá aos pobres, empresta a Deus»[130]. Este provérbio é escrito pela própria Fada Oriana, num bilhetinho, deixado estrategicamente para tentar convencer o Homem Muito Rico a dar metade dos seus móveis aos pobres. Mas, não serão todas as acções desta pequena criatura dirigidas para a dádiva e a entrega total aos pobres? E por pobres

---

[128] Id.,Ibid., p. 31.

[129] BETTELHEIM, Bruno, *Psicanálise dos Contos de Fadas*, Venda Nova: Bertrand Editora, 1998, p. 43.

[130] ANDRESEN, Sophia de Mello Breyner, Ibid., p. 22.

entenda-se: carentes de bens materiais e/ou espirituais. O altruísmo e a entrega total aos outros é um tema que se insinua ao longo de toda a obra como uma linha de força. É como se, escondido atrás do provérbio, corresse um substrato sobre o qual se estrutura toda a mensagem.

Este aspecto remete-nos para a génese do provérbio que é a Bíblia[131], nomeadamente para o livro dos Provérbios (XIX, 17): «Quem faz caridade ao pobre empresta a Iahweh, e ele dará a sua recompensa», e ainda para o Novo Testamento, mais concretamente o Evangelho segundo São Mateus (XXV, 34-40):

> (…) Então dirá o rei aos que estiverem à sua direita.'Vinde, benditos de meu Pai, recebei por herança o Reino preparado para vós desde a fundação do mundo. Pois tive fome e me destes de comer. Tive sede e me destes de beber. Era forasteiro e me recolhestes. Estive nu e me vestistes, doente e me visitastes, preso e viestes ver-me.' Então os justos lhe responderão: 'Senhor, quando foi que te vimos com fome e te alimentamos, com sede e te demos de beber? (…)' Ao que lhes responderá o rei: 'Em verdade vos digo: cada vez que o fizestes a um desses meus irmãos mais pequeninos, a mim o fizestes'.

A autora da obra coloca Oriana "à direita do rei", dando de comer aos que têm fome e de beber aos que têm sede: "Oriana tocou com a sua varinha de condão na caneca e a caneca encheu-se de leite. (…) Oriana tocou com a varinha de condão na gaveta e dentro da gaveta apareceu um pão com manteiga"[132]; proporcionando conforto aos que pouco têm: "(…) Levava sempre três pedrinhas brancas e transformava-as nas coisas que faziam mais falta"[133]; e ajudando os desamparados: "esquecendo-se de que não tinha asas, saltou no abismo, para salvar a velha"[134].

Mediante as necessidades de cada um, no sentido de promover o bem comum na floresta, entenda-se – mundo – a fada é como uma «super-mulher» que só existe para criar harmonia entre os elementos que a(o) constituem. Assim, ao tornar os indivíduos felizes, contagia uma espécie de paz interior por ter praticado o bem.

O esquema que se segue ilustra a contextualização do provérbio na obra, bem como a relação que se estabelece entre esta e o texto bíblico.

---

[131] A Bíblia de Jerusalém, Ibid, p. 11.
[132] ANDRESEN, Sophia de Mello Breyner, Ibid., p. 23.
[133] Id.,Ibid., p. 15.
[134] Id.,Ibid., p. 78.

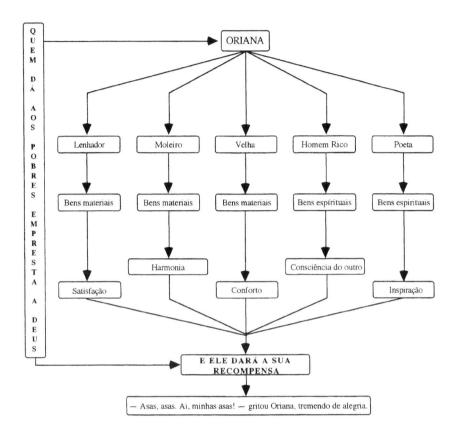

A bondade, a solidariedade e a consciência do outro são os valores universais que prevalecem ao longo desta obra. A presença temporária dos valores negativos, representados no narcisismo de Oriana, reforçam a diferença entre os que "se encontram à direita" e os que "se encontram à esquerda do rei". A autora alerta-nos, portanto, para o perigo de enveredarmos pelos caminhos que nos afastam do bem. No entanto, se os valores estiverem bem consolidados é possível retomar o equilíbrio. Foi o que aconteceu com Oriana.

5. Técnicas de exploração

Concordamos com Carlos Reis e José Victor Adragão quando afirmam:

144   *Os textos tradicionais na aula de português: os provérbios*

(...) não há estratégias didácticas eficazes se o professor não conhecer, de facto, a fundo a Literatura que ensina; e se, além disso, não possuir também uma preparação teórica e uma capacidade de leitura crítica que façam da sua relação com os textos literários uma relação em que **cientificidade** e **sensibilidade** se articulam harmoniosamente.[135]

Desta sede de conhecimentos resultou a necessidade da reflexão que temos vindo a fazer sobre alguns dos aspectos fundamentais, directamente relacionados com a noção de Literatura Infantil e suas funções. Se a selecção das obras a ler deve constituir uma preocupação fundamental, por parte do educador, o percurso de leitura deverá também ser alvo de reflexão e planificação. Esse percurso deverá contribuir para que as crianças se sintam identificadas com as personagens, espaços e situações que povoam os seus sonhos. A sua forma de ver o mundo deve encontrar-se espelhada nessas leituras, ou presente, ou sugerida. Pois, como refere George Jean.[136]

Le pouvoir des contes est un pouvoir de fascination. Puisque l'impossible devient possible, puisque les métamorphoses y sont communes, puisque les pires épreuves sont, dans la majorité des cas, traversées victorieusement par le héros avec lequel on s'identifie.

Incentivar os alunos para a leitura é tarefa prioritária nesta fase de aprendizagem. Esta tarefa torna-se árdua quando se tem de competir com a imagem que invade as casas dos nossos alunos, no dia a dia, cuja mensagem é tão fácil e directa que não exige esforço nem concentração. A motivação talvez seja a fase mais difícl neste processo de vontade, descoberta, reflexão e saber, áreas em que se perspectiva a leitura sempre num contexto de inter-relação.

As propostas de exploração que a seguir apresentaremos não pretendem ser um receituário. São, isso sim, estratégias que se baseiam na realidade experimentada, no decurso da nossa actividade profissional.

Num primeiro momento, e ainda numa fase preparatória de abordagem de uma obra, parece-nos importante que se faça uma pesquisa sobre elementos biográficos do autor. Os alunos, geralmente aderem bem a este

---

[135] REIS, Carlos; ADRAGÃO, Victor, *Didáctica do Português,* Lisboa: Universidade Aberta, 1991, p. 115.

[136] JEAN, George, *Le pouvoir des contes,* Tournai: Casterman, nouv. édition, 1990, p. 198.

tipo de pesquisa, desde que sejam devidamente orientados, tanto na indicação das fontes, como na própria investigação.

Num segundo passo, pensamos ser importante que os alunos recordem algumas histórias que pertencem ao mundo da fantasia e que façam (individualmente, ou em grupo) o reconto de uma delas. No nosso entender, esta actividade é importante, porque parte do conhecimento que os alunos têm da literatura infantil e, simultaneamente serve para nós conhecermos melhor os seus gostos e hábitos de leitura.

Seguidamente, e após a apresentação do título da obra a estudar, os alunos podem escrever uma história sobre uma fada, seguida de uma breve leitura da "Fada Oriana" e a comparação das duas histórias.

Após estas actividades, que implicam a participação directa dos alunos e geralmente bastante carregada de entusiasmo, ficam abertas as portas para a abordagem, propriamente dita, da obra.

Como qualquer análise de uma obra literária, esta também implica um trabalho preparatório e exaustivo da parte do professor. Esta tarefa passará pela elaboração de guiões de leitura, em que se apresentam propostas de actividades que conduzam a um conhecimento mais profundo da obra em estudo. Para estas idades, os guiões de leitura devem incidir fundamentalmente sobre:

– perguntas de interpretação diversificadas (desde questões directas, escolha múltipla, questões que impliquem descrições pormenorizadas, que incitem a opinião pessoal do aluno, que relacionem a história com as suas próprias vivências, etc.);
– questões sobre o funcionamento da língua, desde as classes e subclasses de palavras, tipos e formas de frase, tempos e formas verbais, recursos expressivos, etc..

É importante ter sempre presente que estes guiões de leitura devem ter como objectivo último a análise do conteúdo e as ideias que atravessam o texto.

Depois desta tarefa, que permite um conhecimento mais aprofundado do texto, convém testar a compreensão da sequência dos acontecimentos. Para isso, pode utilizar-se o seguinte esquema:

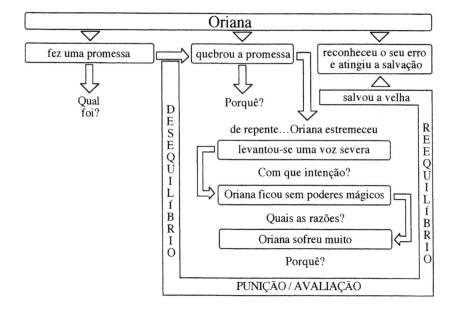

Este esquema apresenta a sequência dos acontecimentos. Se o aluno conseguir responder às perguntas é porque compreendeu bem a acção da narrativa.

Após esta tarefa será importante explorar a sua organização, como texto narrativo. Deverá então partir-se do conceito de texto narrativo, os elementos que o integram e a forma como se articulam; aprofundar os conceitos de narrador, segundo a sua presença; personagens principais e secundárias, retrato físico e psicológico; acção; tempo; espaço e a estrutura da obra, nomeadamente: introdução, desenvolvimento e conclusão.

Esta desconstrução da narrativa, através de actividades que permitam um conhecimento mais profundo da obra em estudo, será o ponto de partida para a recriação. Pois, o interesse de uma obra não se pode circunscrever apenas à sua leitura e interpretação. Ela deverá ser a matéria-prima para posteriores produções. Passaremos a apresentar algumas sugestões:

　i) a partir do momento em que Oriana escreve o provérbio «quem dá aos pobres empresta a Deus» poderão surgir propostas para criar outras histórias. Esta actividade poderá ser colectiva, em pequenos grupos ou individual. A proposta poderá incluir directrizes sobre o tipo de texto a elaborar, ou deixar estas considerações ao critério dos alunos.

ii) outro tipo de actividade que agrada bastante a este público leitor é a organização de um julgamento, em que cada elemento do grupo desempenhará um papel: testemunha de defesa / acusação; advogado de defesa / acusação; réu; juiz. Por exemplo, mesmo depois de ter visto o provérbio escrito, o Homem Muito Rico continuou a ser egoísta. Perante esta situação, cada um apresentará os seus argumentos, socorrendo-se de alguns provérbios e será finalmente ditada a sentença. Este tipo de actividade desenvolve várias destrezas: ouvir, falar, ler, escrever, o poder argumentativo, a criatividade, o sentido de justiça, o respeito pela opinião dos outros, etc.

iii) a técnica de resumo é também muito utilizada, mas deve ser acompanhada por directrizes que incluam os pontos mais importantes a focar. Cada um desses pontos pode ser acompanhado de um provérbio. Por exemplo: Oriana fez uma promessa e, como «o prometido é devido»…; Oriana quebrou a promessa e, como diz o provérbio, «Deus castiga sem pau nem pedra», por isso, ela ficou sem poderes mágicos…; Oriana reconheceu o seu erro e aprendeu que «beleza sem bondade, não vale metade»…; Oriana sofreu muito, arrependeu-se e, continuando a fazer o bem, salvou-se, pois, «quem se arrepende, salva-se».

As actividades que a seguir se apresentam foram adaptadas da Gramática da Fantasia de Gianni Rodari[137].

iv) "A hipótese fantástica"

A técnica das "hipóteses fantásticas" tem uma forma interrogativa: *o que aconteceria se…?*

Para formular a pergunta escolhem-se, ao acaso, um sujeito e um predicado, por exemplo: sujeito – "a Fada Oriana"; predicado – "não salvou a velha": *o que aconteceria se a Fada Oriana não salvasse a velha?* Ou juntam-se um substantivo e uma forma verbal, por exemplo: substantivo – "Oriana"; forma verbal – "caiu": *o que aconteceria se Oriana caísse, ao tentar salvar a velha?*

Da junção destas palavras resultará a hipótese sobre a qual se irá trabalhar. Esta hipótese poderá traduzir-se num provérbio escolhido pelos alunos. Com as hipóteses tudo se torna lógico e humano, repleto de signi-

---

[137] RODARI, Gianni, *Gramática da Fantasia, Introdução à Arte de Inventar Histórias*, Lisboa: Editorial Caminho, 1993.

ficados, o símbolo vale por si e adapta-se a muitas realidades. Estamos, assim, no campo da fantasia para estabelecer uma relação activa com o real.

v) "O prefixo fantástico"

As palavras podem ser muito produtivas, no sentido maravilhoso, se as deformarmos. Esta deformação é tão educativa como a sua correcta utilização. Basta transportá-la da realidade para o imaginário.

O prefixo *bis*, por exemplo, transforma uma simples varinha de condão em *"bis*varinha de condão" que faz magia a dobrar. Oriana conseguiu transformar a sua, antes da Rainha das Fadas a destruir, ficando assim com outra. Ou, quando a velha precisou de ajuda, Oriana salvou-a, pondo em risco a sua própria vida porque «é na *hiper*necessidade que se prova a *maxi*amizade».

Os prefixos *vice, sub, micro, auto, mini, anti,* etc. também estão prontos para servir o texto fantástico, nesta faixa etária.

vi) "O erro fantástico"

Quantos de nós não ouvimos com frequência o pedido dos mais novos: "Conte outra vez..."? Este pedido traz consigo o desejo de renovar as emoções sentidas pela primeira vez em que tiveram contacto com a "história". Mas nesta idade há como que uma mistura de vontades: por um lado, que se siga a sequência exacta, por outro lado que haja uma certa perversão do texto.

Esta tarefa ajuda o jovem leitor a libertar-se de certas fixações. O jogo estabelece um limite mais claro entre o mundo real e o imaginário, desdramatizando as fadas más, as víboras, ridicularizando a bruxa, etc.... O erro pode localizar-se só numa determinada parte do texto, por exemplo: Oriana pegou na caneta e escreveu: *«Quem se deserda antes que morra, precisa de uma cachaporra».*

Neste tipo de actividade estão bem presentes as operações de decomposição e recomposição.

vii) "O que aconteceu depois..."

As personagens ainda não esgotaram a sua actividade. Embora nos pareça que a floresta abandonada faz agora parte do passado, nada nos pode garantir que os problemas terminaram. Sabemos que desta vez Oriana está perdoada. A história deverá continuar a balançar entre os valores positivos e os negativos. Pois, como diz o provérbio « de amigo reconciliado, guarda-te dele como do diabo».

viii) *"Contos em decalque"*

Esta técnica consiste em reduzir o texto à pura trama da sua acção e das suas relações internas. Eis uma forma agradável de levar os aluno a efectuar esta actividade:

– primeiro pede-se que ordenem os momentos da acção do texto:

❏ A Fada Oriana recupera as suas asas, pois, «cada um tem o que merece».
❏ Ela arrependeu-se de ter abandonado os amigos, pois, «amigo fiel e prudente é melhor que parente».
❏ As pessoas e os animais deixaram de acreditar nela, porque «amigo que desaparece, esquece».
❏ A Rainha das Fadas castigou-a, pois, «quem dá o pão, dá a educação».
❏ Oriana conseguiu salvar a velha do abismo porque «quem bem ama, nunca esquece».
❏ Oriana ajudava os homens e os animais da floresta, pois, «fazer bem nunca se perde».
❏ Oriana fez uma promessa à Rainha das Fadas e «quem promete, faz dívida».
❏ Os amigos de Oriana regressaram à floresta, porque «o bom filho a casa volta».
❏ A Rainha das Fadas perdoou-lhe. Pois, «o arrependimento lava a culpa».
❏ Oriana ficou vaidosa e esqueceu-se dos amigos, mas «beleza sem virtude é rosa sem cheiro».

Seguidamente reduz-se a trama a uma expressão abstracta, por exemplo:

➜ **A** faz uma promessa a **B**.
➜ **B** oferece **c** e **d** a **A** para a ajudar a cumprir a promessa.
➜ **A** começa por cumprir muito bem a sua promessa, ajudando **E**.
➜ **A** conhece **F** que a impede de cumprir a promessa, abandonando **E**.
➜ **B** tira **c** e **d** a **A** para a castigar.
➜ **A** arrepende-se de não cumprir a sua promessa até ao fim.
➜ **B** perdoa **A**.
➜ **A** reencontra **E** e ficam de novo amigos.

Para terminar resta dar uma nova interpretação à expressão abstracta. Esta técnica serviu para criar um certo distanciamento do texto, o que permitirá a criação de novos textos. A pessoas diferentes, o decalque oferecerá caminhos diferentes. Esta operação é ao mesmo tempo analítica e sintética e vai do concreto ao abstracto e daqui volta ao concreto.

Estes são apenas alguns exemplos de actividades que podem conduzir o aluno, de uma forma agradável, à produção escrita. No entanto, o leque de estratégias não se esgota, dependendo da criatividade do professor e alunos implicados.

Como conclusão de tudo o que aqui fica exposto citaremos George Jean[138].

> Le pouvoir des contes est d'être porteurs d'un véritable enseignement implicite souvent diffus, et tout l'art de l'éducateur consiste à ne pas chercher à tirer lui-même, comme les apologues ou fables des anciens, des préceptes abstraits et contraignants. Les contes ouvrent la voie à la connaissance de la littérature proprement dite, ne serait-ce que parce qu'ils donnent à l'enfant le goût des fictions et surtout peut-être parce qu'ils expriment des états «vivants» de la langue?

---

[138] JEAN, George, Ibid., p. 206.

CONCLUSÃO

«Uma das muitas excellencias da lingua portugueza é a copia de adagios, tão claros, breves e sentenciosos, que podem ser uns como canones ou regras da vida economica, ethica e politica, ensinadas pela experiencia.»[139]

No término desta viagem, que nos propusemos fazer ao mundo dos provérbios, julgamos pertinente proceder a um balanço do percurso realizado. Assim, sublinharemos, mais uma vez, que o estímulo que nos norteou nestes percursos foi o orgulho que temos na nossa língua e na nossa cultura e a consciência clara de que a sua preservação depende, em grande parte, da nossa contribuição como professores de Língua Portuguesa.

Este estudo tenta, portanto, responder a um conjunto de questões que confluem na sua essência e se materializam, num momento de grandes mudanças no sistema educativo e na sociedade em geral, a que urge dar resposta. Por um lado, reflecte a minha constante preocupação pessoal e profissional. Por outro lado, esta preocupação harmoniza-se com o carinho que sinto por essas partículas diminutas da nossa língua, carregadas da sabedoria e experiência do povo, que frequentemente afloram nas nossas conversas com a sua anónima autoridade.

Compreender-se-á, então, que o presente trabalho, com as dimensões que foi possível abordar e sem a pretensão de ser obra acabada, dada a complexidade do tema, tem como finalidade última encorajar o tratamento do texto proverbial no contexto escolar. Assim, mais do que enunciar hipóteses de partida, preferimos percorrer itinerários que tiveram como fio condutor o princípio de que a preservação e revitalização da nossa cultura tradicional oral, mais concretamente do provérbio, enquanto elemento de identificação cultural, é indispensável para que se possa reconhecer e afirmar como dimensão estruturante no contexto multicultural da sociedade hodierna. Não se esqueça que trabalho numa zona (que continua) rural.

---

[139] CAMPAGNE, E. M, *Diccionario Universal de Educação e Ensino* («trasladado a portuguez por CAMILLO CASTELLO BRANCO»), Porto: Typographia de António José da Silva, 1873, p. 445.

Partindo destes considerandos e procurando um plano estrutural, entendemos que se impunha um enquadramento teórico do texto proverbial. Nesse sentido, apresentámos algumas das suas definições tidas como seguras e validadas pela autoridade de estudiosos. Verificámos que, da diversidade dessas definições, resulta uma uniformidade de conceitos, permitindo-nos afirmar que os provérbios são breves frases sapienciais, com origem na sabedoria popular, daí o seu carácter de textos anónimos; que o seu êxito se deve fundamentalmente à sua brevidade e a elementos mnemónicos como a métrica, a rima, os paralelismos, as metáforas, a deformação intencional de determinadas palavras, entre outros; que a sua leitura pode ser literal ou metafórica e que o seu carácter sentencioso ou didáctico tanto serve para "apontar o dedo", com algum cinismo, a determinados comportamentos humanos, como para enaltecer virtudes, ou indicar normas de conduta.

Para uma melhor precisão do conceito de provérbio, procurámos abordar algumas das suas propriedades extra-linguísticas, estruturais e semântico-pragmáticas. Valorizámos a autoridade da instituição "comunidade linguística". Salientámos alguns dos traços principais da sua estrutura externa que os transformam em frase poética, e tentámos demonstrar como a sua força semântica, muitas vezes acompanhada por expressões como "lá diz o povo e com razão...", lhe confere um valor argumentativo inquestionável.

Estabelecidas estas formulações teóricas, tomando-as como instrumento de análise, aplicámo-las a um pequeno estudo sobre a ocorrência do texto proverbial na imprensa caseira, servindo-nos de dois jornais regionais como exemplo. Desta análise do provérbio contextualizado concluímos que os provérbios aparecem com alguma frequência na imprensa e que, de uma maneira geral, a sua função é persuadir o leitor.

Uma outra faceta que considerámos importante abordar no âmbito do nosso estudo foi o alcance dos provérbios como os *topoi* da vida humana. Propusemo-nos, desta forma, fazer uma análise dos provérbios numa perspectiva antropológica, reflectindo sobre a cosmovisão – que foi e em grande parte continua a ser na minha região – do povo português. Tentámos verificar de que forma, essas manifestações da sabedoria popular, nos transmitem a filosofia do povo, perante a vida e a morte. Assim, a nossa reflexão recaíu sobre as relações que se estabelecem entre o homem e o meio ambiente; o homem e a sociedade; o homem e a família e o homem e o sobrenatural.

Numa tentativa de aferir se essa transmissão de saberes continua a ser feita às novas gerações, levámos a cabo um pequeno estudo sobre a importância pragmática dos provérbios no ambiente familiar dos alunos de 2.º Ciclo do Ensino Básico da nossa zona escolar. Embora o universo de alunos abrangido pelo estudo seja considerado pouco significativo para tirar conclusões fundamentadas, estes resultados são, para nós, importantes, tendo em conta a profunda reestruturação curricular que actualmente está em curso, nomeadamente a Gestão Flexível do Currículo. Apesar de alguns dos alunos inquiridos terem apresentado indicadores de não conhecerem o significado de determinados provérbios que escreveram, a verdade é que se estes surgem com alguma frequência no seu ambiente familiar, é porque continuam a manter um sentido social constante com as formas locais de agir (interagir) e pensar. Portanto, as aulas de Língua Portuguesa devem partir dessas formas de expressão, tão próximas do universo cultural dos nossos alunos, no sentido de dar a conhecer a nossa herança cultural e contribuir para a descoberta da identidade dos alunos.

Partindo do princípio de que o Programa de Língua Portuguesa ocupa um espaço nuclear no processo de ensino / aprendizagem, procedemos a uma análise deste documento, bem como de um conjunto de quarenta e dois manuais para o 2.º Ciclo, no sentido de aferir a relevância que é dada ao património cultural, mais concretamente, aos provérbios. Concluímos que embora esta matéria esteja prevista nesses documentos, não nos pareceu assunto prioritário.

No entanto, convictos de que é à imaginação do professor, que compete dar vida a estas orientações, preservando as expressões que emolduram a cultura do nosso povo, dedicámos algumas páginas do nosso trabalho a aspectos que se prendem com pistas de abordagem do texto proverbial nas aulas de Língua Portuguesa.

Importa aqui esclarecer que, com estas sugestões, não se pretendeu valorizar ou rejeitar qualquer metodologia ou obra literária. O nosso objectivo foi apenas salientar a possibilidade de podermos inscrever nas nossas práticas educativas quotidianas a abordagem do texto proverbial, participando nesse desígnio nacional que é a defesa da nossa língua. E como afirma Mário Vilela[140]:

> A defesa da língua deverá passar pela defesa da cultura, da investigação, da inovação, do desenvolvimento, da criação filosófica e artística, pela produção de mais riqueza. [...] Na língua, como no comércio, tudo passa pela competividade: apenas os produtos atraentes serão competitivos. A nossa literatura não é pobre: pobre

---

[140] VILELA, Mário, *Léxico e Gramática – Ensino da Língua Portuguesa: Léxico, Dicionário, Gramática*, Coimbra: Livraria Almedina, 1995, pp. 32-33.

será a nossa língua se não a descrevermos e estudarmos devidamente. Só assim a defenderemos da anglicização que diariamente nos bombardeia.

Por tudo isto, ao longo do presente trabalho revelámos a nossa preocupação com o risco do desaparecimento ou descaracterização destas pequenas/grandes doses de sabedoria. Tentámos defender e destacar o lugar do professor de Língua Portuguesa ao leme, nessa defesa e prestar algum contributo para essa "competividade", demonstrando a beleza da expressividade sentenciosa das imagens, a filosofia de vida, o génio verbal e a idiossincrasia do nosso povo. Pela nossa parte estamos convictos de que através da abordagem do provérbio, em todas as suas dimensões, estaremos a contribuir para a educação para a cidadania, facilitando a ancoragem à tradição e memória colectiva do nosso povo e, em parte, comum a todas as nações. Resta-nos pensar que medidas de "segurança" deste património cultural mundial vão passando de "boca em boca": que assim seja.

ANEXOS

PROVÉRBIOS QUE OCORREM NO TEXTO

- A acha sai ao madeiro.
- A afeição cega a razão.
- A água lava tudo menos as más línguas.
- A albarda nunca pesou ao burro.
- A ambição cega o coração.
- A amizade não tem preço.
- A barriga manda a perna.
- A boa educação é moeda de oiro.
- A bom entendedor meia palavra basta.
- A cada um aquilo que é seu.
- A cãs honradas não há portas fechadas.
- A cavalo dado não se olha o dente.
- A culpa morreu solteira.
- A curiosidade matou o gato.
- A desconfiança é a sentinela da segurança.
- A dois mil chegarás, dos dois mil não passarás.
- A esperança é a última a morrer.
- A experiência é a mãe da ciência e a mestra da vida.
- A galinha da minha vizinha é sempre maior que a minha.
- A galinha de campo não quer capoeira.
- A lã nunca pesou ao carneiro.
- A lei de reinar é como a de amar.
- A má chaga sara e a má fama mata.
- A mentira tem pernas curtas.
- A mulher e a cachorra, a que mais cala é a melhor.
- A mulher e o pedrado, quer-se pisado.
- A mulher e o vinho fazem errar o caminho.
- A mulher e o vinho tiram o homem do caminho.
- A ocasião faz o homem, como o choco faz o pinto.
- A ocasião faz o ladrão.
- A palavra é de prata e o silêncio é de ouro.
- A palavras loucas, orelhas moucas.
- A perseverança tudo alcança.

- A quem má fama tem, nem acompanhes nem digas bem.
- A razão espanta o medo.
- A união faz a força.
- A verdade é como o azeite, vem sempre à tona da água.
- A verdade não tem pés e anda.
- A vingança serve-se fria.
- A vizinhança é meia parentela.
- À desgraça ninguém foge.
- À mesa não se envelhece.
- À mulher a roca e ao marido a espada.
- À mulher de César não basta ser séria, tem que parecê-lo.
- À mulher roca e ao marido espada.
- À Terça-feira, nem cases a filha nem urdas a teia.
- Adeus ganho que me dás perca.
- Agouros, nem crê-los, nem experimentá-los.
- Água de Março é pior que nódoa no pano.
- Água mole em pedra dura tanto bate até que fura.
- Águas passadas não movem moinhos.
- Albarde-se o burro à vontade do dono.
- Algum dia será festa na nossa terra.
- Almocreve cavaleiro não ganha dinheiro.
- Almocreve cavaleiro não ganhadeiro.
- Ama a cruz, que ao céu te conduz.
- Amigo deligente é melhor do que parente.
- Amigo fiel e prudente é melhor que parente.
- Amigo não empata amigo.
- Amigo que desaparece, esquece.
- Amor com amor se paga.
- Amor verdadeiro não envelhece.
- Ano novo, vida nova.
- Antes de ir para a guerra, reza uma vez, antes de embarcar, reza duas e antes de casar, reza três.
- Antes pobre honrado, que rico ladrão.
- Ao confessor e ao letrado confessa teu pecado.
- Ao confessor e ao letrado não o tenhas enganado.
- Ao lavrador descuidado, os ratos comem o semeado.
- Ao marido prudência, à mulher paciência.
- Ao menino e ao borracho põe Deus a mão por baixo.
- Ao porco e ao genro mostra-lhe a casa e virão cedo.
- Aos mortos e aos ausentes, nem os insultes, nem os atormentes.

Corpus de provérbio

- Aos olhos tem a morte, quem a cavalo passa a ponte.
- Aos seis assenta, aos sete adenta, ao ano andante, aos dois falante.
- Aquele que não vê lei, deve estar fora da grei.
- Arco-íris contra a serra, chuva na terra; arco-íris contra o mar, tira os bois e põe-te a lavrar.
- Arrenego do mouro e do judeu, e do homem de Viseu, mas lá vem o braguês que é pior que todos três e o do Porto no seu contrato é o pior de todos quatro, mas o ilhéu é de se lhe tirar o chapéu.
- Arrufos de namorados são amores dobrados.
- As águias não caçam moscas.
- As aparências iludem.
- As palavras são como as cerejas, umas puxam as outras.
- As pragas dão duas voltas ao redor e metem-se no rogador.
- Até aos vinte, evita a mulher, depois dos quarenta, foge dela.
- Ave só não faz ninho.
- Barra roxa em sol nascente, água em três dias não mente.
- Batata e pão juntos dão má digestão.
- Beleza sem bondade, não vale metade.
- Beleza sem virtude é rosa sem cheiro.
- Bem canta Marta depois de farta.
- Bem torneada, não há mulher feia.
- Bens mal adquiridos vão como vieram.
- Boa maçaroca fia quem seu filho cria.
- Boa teia fia quem seu filho cria.
- Bom exemplo, meio sermão.
- Bom porte, com boas maneiras, abrem portas estrangeiras.
- Burro velho não aprende línguas.
- Burro velho não toma andadura.
- Cada cabeça, sua sentença.
- Cada macaco no seu galho.
- Cada um colhe aquilo que semeia.
- Cada um é um.
- Cada um leva a água ao seu moinho.
- Cada um na sua casa é rei.
- Cada um tem o que merece.
- Cada um trata de sí e Deus de todos.
- Cada um vê mal ou bem conforme os olhos que tem.
- Cágado, para que queres botas se tens as pernas tortas?
- Caldo de nabos nem o comas, nem o dês a criados.
- Caldo que muito ferve sabor perde.

- Caldo sem pão só no inferno o dão.
- Cão de boa raça, se não caça hoje, amanhã caça.
- Cão que ladra, não morde.
- Carne e peixe na mesma comida encurtam a vida.
- Carne que baste, vinho que farte, pão que sobre.
- Casa de esquina, grande tormenta e grande ruína.
- Casa de pais, escola de filhos.
- Casa onde não há pão todos ralham e ninguém tem razão.
- Casa-te e verás: perdes o sono e mal dormirás.
- Casamento, apartamento.
- Casar e compadrar, cada um com seu igual.
- Casar, casar, quer bem, quer mal.
- Casarás, amansarás e te arrependerás.
- Cesteiro que faz um cesto faz um cento.
- Cesteiro que faz um cesto, faz um cento, dando-lhe verga e tempo.
- Céu escavado, aos três dias é molhado.
- Chora a mulher, dói-se a mulher, mulher enferma quando ela quer.
- Circo na lua, água na rua.
- Colcha feita, noivo à espreita.
- Com dinheiro à vista toda a gente é benquista.
- Com fogo não se brinca.
- Com má gente é remédio muita terra de permeio.
- Com mulher louca, andem as mãos e cale-se a boca.
- Com papas e bolos se enganam os tolos.
- Com pêras vinho bebas; e que seja tanto, tanto, que elas andem de canto em canto.
- Com teu vizinho casarás teu filho e beberás teu vinho.
- Contente-se com o seu estado quem quiser viver sossegado.
- Contra a força de vilão, ferro na mão.
- Cordeiro manso mama sua mãe e a alheia.
- Cortesia de boca muito vale e pouco custa.
- Criado que faz o seu dever, orelhas moucas deve ter.
- Criaste, não castigaste, mal criaste.
- Cunhadas são cunhas, entram com os pés e saem pelas unhas.
- Cunhadas são unhadas.
- Dá Deus nozes a quem não tem dentes.
- Dá Deus o frio conforme a roupa.
- Dá, que não peças.
- Das aves, boa é a perdiz, mas melhor a codorniz.
- De amigo reconciliado, guarda-te dele como do diabo.

Corpus de provérbio

- De boas intenções está o inferno cheio.
- De Espanha nem bom vento, nem bom casamento.
- De homem assinalado, sê desconfiado.
- De livro fechado, não sai letrado.
- De pequenino é que se torce o pepino.
- De poeta e louco, todos temos um pouco.
- De tal ninho, tal passarinho.
- De um gosto, mil desgostos.
- De vizinho danoso morreu Barroso.
- Debaixo da manta, tanto vale a preta como a branca.
- Deitar cedo e cedo erguer, dá saúde e faz crescer.
- Depois da tempestade vem a bonança.
- Depressa e bem, há pouco quem.
- Desmanchar e fazer, tudo é aprender.
- Deus ajuda quem cedo madruga.
- Deus castiga sem pau nem pedra.
- Deus é bom trabalhador, mas gosta que o ajudem.
- Deus escreve direito por linhas tortas.
- Deus faz o que quer e o homem o que pode.
- Deus não dorme.
- Deus vê o que o Diabo esconde.
- Devagar se vai ao longe.
- Ditados velhos são evangelhos.
- Diz o prior da aldeia: quem fez os borrões que os leia.
- Diz o roto ao nu: porque não te vestes tu?
- Diz-me com quem viveste, dir-te-ei o que aprendeste.
- Diz-me com quem viveste, dir-te-ei o que aprendeste.
- Do erro alheio, tira o prudente conselho.
- Do mar se tira o sal e da mulher muito mal.
- Dom de Espanha, Excelência de França, Senhoria de Portugal, não valem meio real.
- Dos fracos não reza a história.
- Duro com duro não faz bom muro.
- É bem casada a que não tem sogra nem cunhada.
- É bom às vezes calar, para discórdias evitar.
- É de pequenino que se torce o pepino.
- É leve o fardo no ombro alheio.
- É má a ave que seu ninho suja.
- É mais fácil ter ideias do que realizá-las.
- É muito mau de contentar quem quer Sol na eira e chuva no nabal.

- É na necessidade que se prova a amizade.
- Ele (Deus) guarda para os retos a sensatez, é escudo para os que andam na integridade.
- Em Abril, águas mil.
- Em casa de ferreiro, espeto de pau.
- Em casa de Gonçalo, manda mais a galinha que o galo.
- Em casa de mulher rica, ela manda e ele grita.
- Em dia de festa, barriga atesta.
- Em frente da arca aberta, o justo peca.
- Em Janeiro um porco ao sol, outro no fumeiro.
- Em manqueira de cão e lágrimas de mulher não há que crer.
- Em terra ruim, não se gasta boa semente.
- Emenda em ti o que te desagrada em mim.
- Enquanto há vida, há esperança.
- Enquanto o marido cava, deve a mulher fiar.
- Entre marido e mulher não metas a colher.
- Errar é de homens; só não erra quem não trabalha.
- Errar é humano.
- Erros de filhos, culpas de mães.
- Espada por espada, lança por lança.
- Faz bem não olhes a quem.
- Faz-me as barbas, far-te-ei o cabelo.
- Fazer bem nunca se perde.
- Feliz é quem feliz se julga.
- Fevereiro quente traz o diabo no ventre.
- Filho de minha filha, toma pão e senta aqui, filho de minha nora, toma pão e vai-te embora.
- Filho de peixe sabe nadar.
- Filhos casados, cuidados dobrados.
- Filhos pequenos, dores de cabeça, filhos grandes dores de coração.
- Fome de caçador, sede de pescador.
- Fugi do gago na sua braveza, dos que andam sempre a rir e dos que assinalou a natureza.
- Galinha gorda por poco dinheiro não há no poleiro.
- Galinha que canta como o galo do homem faz cavalo.
- Gato escaldado da água fria tem medo.
- Gente pouca em Paradança, Pardelhas e Campanhó; boieiros do Bilhó; caceteiros de Atei; caniqueiros e Zés-Pereiras de Mondim; demandistas de Vilar e tolos de Ermêlo; quem mais quiser vai lá sabê-lo.
- Governa Maria em casa vazia.

Corpus de provérbio

- Graças a Deus muitas, graças com Deus poucas.
- Grande aparato, pequeno recato.
- Grandes desgostos e tormentos acompanham os maus casamentos.
- Grão a grão enche a galinha o papo.
- Guarda o que não presta, encontrarás o que precisas.
- Guarde-vos Deus: da ira do senhorio, do alvoroço do povo, da moça adivinha e da mulher ladina, de pessoa assinalada, de mulher três vezes casada, de homem conflituoso, de lodos em caminho, de longa enfermidade, de médico experimentado e asno ornejado, do oficial novo e barbeiro velho, de amigo reconciliado e vento encanado, de hora minguada e de gente que não tem nada.
- Há chuva que seca e sol que refresca.
- Há muitas maneiras de mater pulgas.
- Há tempo para velar e tempo para descansar.
- Homem barbado, homem honrado.
- Homem barca, mulher arca.
- Homem com fala de mulher nem o diabo o quer.
- Homem de barba ruiva, uma faz, outra cuida.
- Homem prevenido vale por dois.
- Homem que bate no peito, velhaco perfeito.
- Homem que zomba tem mau coração.
- Homem reina, mulher governa.
- Homem rico nunca é feio.
- Homem sem abrigo, pássaro sem ninho.
- Inverno chuvoso, Verão bondoso.
- Janeiro geoso, Fevereiro nevoso, Março calmoso, Abril chuvoso e Maio ventoso, fazem o ano formoso.
- Juiz piedoso faz o povo cruel.
- Ladrão que rouba a ladrão tem cem anos de perdão.
- Lavrador honrado, no Inverno prepara o carro.
- Lé com lé, cré com cré, cada um com os da sua ralé.
- Lembra-te sogra que já foste nora.
- Ler sem entender é caçar sem colher.
- Longa ausência, esquecimento breve.
- Lua nova trovejada, trinta dias é molhada e se fôr a de Setembro, até Março irá chovendo.
- Mãe aguçosa, filha preguiçosa.
- Mais depressa se apanha um mentiroso que um coxo.
- Mais fere má palavra do que espada afiada.
- Mais nobre é a pobreza honrada que a nobreza aviltada.

- Mais tem Deus para dar que o Diabo para levar.
- Mais vale acertar que escolher.
- Mais vale cair em graça do que ser engraçado.
- Mais vale pedir e mendigar que na forca espernear.
- Mais vale prevenir que remediar.
- Mais vale ser mulher de ninguém, que amante de alguém.
- Mais vale tarde que nunca.
- Mais vale um pão com Deus, que dois com o Diabo.
- Mais vale um pássaro na mão do que dois a voar.
- Mal haja quem de mim mal diz, mas mais quem mo traz ao nariz.
- Mal não julga quem mal não cuida.
- Marido banana e efeminado depressa emparelha com o veado.
- Melão e casamento são coisas de acertamento.
- Menina e vinha, peral e faval, maus são de guardar.
- Mentiras de caçadores não as há maiores.
- Meu filho virá barbado, mas nem parido, nem prenhado.
- Moça loução, cabeça vã.
- Moço que não é castigado, não será cortesão nem letrado.
- Mostra-me a tua mulher e eu te direi que marido tem.
- Moura mexida, moura perdida.
- Mudam-se os tempos, mudam-se as vontades.
- Muitas vezes à cadeia é sinal de forca.
- Muito riso, pouco siso.
- Muitos poucos fazem muito.
- Mulher à vela, marido ao leme.
- Mulher barbuda, de longe a saúda.
- Mulher bonita nunca é pobre.
- Mulher de bigode não é pagode.
- Mulher de janela diz de todos e todos dizem dela.
- Mulher e horta não querem mais de um dono.
- Mulher honrada, em casa, de perna quebrada.
- Mulher janeleira raras vezes encarreira.
- Mulher louçã dar-se quer à vida vã.
- Mulher palradeira, fraca fiadeira.
- Mulher que dá no homem, na terra do demo morre.
- Mulher que não perde uma festa pouco presta.
- Mulher que sabe obedecer, em casa reina a valer.
- Mulher sardenta, mulher rabugenta.
- Na cadeia e no hospital, todos temos um lugar.
- Na casa onde a mulher manda, até o galo canta fino.

Corpus de provérbio

- Na morte e na boda verás quem te honra.
- Na primeira quem quer cai, na segunda cai quem quer, na terceira quem é tolo.
- Na terra onde fores viver, faz como vires fazer.
- Não caça de coração senão o dono do furão.
- Não cures de ser picão nem traves contra a razão, se queres lograr tuas cãs com tuas queixadas sãs.
- Não digas tudo o que sabes, nem creias tudo o que ouves, nem faças tudo o que podes.
- Não faças aos outros o que não queres que te façam a ti.
- Não guardes para amanhã o que podes fazer hoje.
- Não há bela sem senão, nem feia sem sua graça.
- Não há bem que sempre dure, nem mal que nunca acabe.
- Não há boa terra sem bom lavrador.
- Não há casamento pobre, nem mortalha rica.
- Não há fumo sem fogo.
- Não há geração sem rameira ou ladrão.
- Não há mel sem fel.
- Não há melhor experiência que a tomada em experiência alheia.
- Não há mulher formosa, no dia da boda, senão a noiva.
- Não há proveito sem custo.
- Não há rosas sem espinhos.
- Não há sábio nem douto que de louco não tenha um pouco.
- Não julgues rápido de ninguém, nem para mal, nem para bem.
- Não metas a foice em seara alheia.
- Não metas o nariz onde não és chamado.
- Não peças a quem pediu, não devas a quem deveu, nem sirvas a quem serviu.
- Não sabe mandar quem nunca soube obedecer.
- Não se caçam lebres tocando tambor.
- Não te metas em camisa de onze varas.
- Não temas mal incerto, nem confies de bem certo.
- Não valem leis sem costumes; valem costumes sem leis.
- Nem com cada mal ao médico, nem com cada dúvida ao letrado.
- Nem erva no trigo, nem suspeita no amigo.
- Nem na mesa sem comer, nem na igreja sem rezar, nem na cama sem dormir, nem na festa sem dançar.
- Nem sempre o diabo está ao pé da porta.
- Nem só de pão vive o homem.
- Nem tão velha que caia, nem tão moça que salte.

- Nem todos os dias são dias de feira.
- Nem tudo o que luz é ouro.
- Nem tudo o que vem à rede é peixe.
- Ninguém foge à sua sorte.
- No inverno forneira, no verão taberneira.
- No lar em que não há crença, aparece a desavença.
- No melhor pano cai a nódoa.
- No perigo é que se conhece o amigo.
- No rosto de minha filha vejo quando o demo toma o meu genro.
- Noivado prolongado acaba desmanchado.
- Nunca Deus fecha uma porta que não abra uma janela.
- Nunca Deus fez a quem desamparasse.
- Nunca digas: desta água não beberei.
- Nunca é tarde.
- Nunca faças nada sem consultar a almofada.
- Nunca falta um paspalhão para uma paspalhona.
- Nunca muito custou pouco.
- Nunca o invejoso medrou, nem quem ao pé dele morou.
- Nunca se perde o bem fazer.
- Nuvem comprida que se desvia, sinal de grande ventania.
- Nuvens paradas, aos pares cor de cobre, é tempestade que se descobre.
- O ambicioso porfia e não confia.
- O amigo e o genro não te acham pelo Inverno.
- O amor ajuda os atrevidos.
- O amor e a morte vencem o mais forte.
- O arrependimento lava a culpa.
- O barato sai caro.
- O bom filho a casa volta.
- O bom pano na arca se vende.
- O burro e a mulher, a pau se quer.
- O calado vence tudo.
- O casamento e a mortalha no céu se talha.
- O céu é de quem o ganha e a terra é de quem a apanha.
- O dinheiro compra pão, mas não compra gratidão.
- O escaravelho a seus filhos chama grãos de ouro.
- O filho sábio alegra o pai, o filho insensato entristece a mãe.
- O foguete é na maré da festa.
- O futuro começa hoje.
- O hábito elegante cobre às vezes um tratante.
- O hábito não faz o monge, mas fá-lo parecer ao longe.

Corpus de provérbio 167

- O hábito não faz o monge.
- O homem deve cheirar a pólvora e a mulher a insenso.
- O homem na praça e a mulher em casa.
- O jovem segue o seu primeiro caminho e nem mesmo na velhice o deixará.
- O leitão e os ovos, dos velhos fazem novos.
- O melhor da festa é esperar por ela.
- O mundo nos vê, Deus é que nos conhece, ninguém é como parece.
- O passado dá saudades, o presente dissabores e o futuro receios.
- O passarinho ama o seu ninho.
- O peixe deve nadar três vezes: em água, em molho e em vinho.
- O pescador apressado perde o pescado.
- O prometido é devido.
- O que a mulher quer, Deus o quer.
- O que é doce nunca amargou.
- O que o berço dá, a tumba o leva.
- O que o diabo não pode, consegue-o a mulher.
- O que ouvires dos outros escuta de ti.
- O que se aprende no berço dura até à sepultura.
- O rir e o zombar não há-de passar de brincar.
- O saber escondido, da ignorância vista pouco dista.
- O saber não está todo numa só cabeça.
- O saber não ocupa lugar.
- O saber não pesa na cabeça.
- O saco do genro nunca está cheio.
- O seguro morreu de velho e D. prudência foi-lhe ao enterro.
- O sol quando nasce é para todos.
- O somítico avarento por um real perde um cento.
- O tempo é bom conselheiro.
- O tempo é o melhor juiz.
- O tempo não volta atrás.
- O testamento do pobre é breve, na unha se escreve.
- O testamento do pobre na unha se escreve.
- O trabalho enriquece e a preguiça empobrece.
- O último a rir é o que ri melhor.
- Olho mau a quem viu pegou malícias.
- Onde a mulher reina e governa, raras vezes mora a paz.
- Onde as dão, aí se pagam.
- Onde canta galo, não canta galinha.
- Onde entra o vinho sai a razão.

- Onde força não há direito se perde.
- Onde há fumo, há fogo.
- Onde manda o amor, não há outro senhor.
- Onde não há força perde-se o direito.
- Onde não há virtude, não ha honra.
- Os filhos de minha filha, meus netos são; os de meu filho sê-lo-ão ou não.
- Os homens não se medem aos palmos.
- Os homens são como os alcatruzes da nora: para uns ficarem cheios, ficam os outros vazios.
- Os invejosos sentem mais o bem alheio que o mal próprio.
- Os rios correm para o mar.
- Os últimos são os primeiros.
- Outubro revolver, Novembro semear, Dezembro nascer; nasceu um Deus para nos salvar; Janeiro gear, Fevereiro chover, Março encanar, Abril espigar, Maio engrandecer, Junho ceifar, Julho debulhar, Agosto engravelar, Setembro vindimar.
- Ouvir missa não gasta tempo, dar esmola não empobrece, Deus ajuda e enriquece.
- Ouvir missa não gasta tempo, dar esmola não empobrece.
- Ovelha que berra, bocado que perde.
- Palavras loucas, orelhas moucas.
- Palavras sem obras, são tiros sem balas.
- Pão mole e uvas, as moças põe mudas e às velhas tira as rugas.
- Pão quente, muito na mão, pouco no ventre.
- Para a donzela honesta, o trabalhar é festa.
- Para a frente é que é o caminho.
- Para arrombar porta de ferro, não há como martelo de prata.
- Para bom entendedor, meia palavra basta.
- Para cá do Marão, mandam os que cá estão.
- Para caçar, calar.
- Para colher é preciso semear.
- Para enriquecer, muita deligência e pouca consciência.
- Para festas e feiras não há mulheres com manqueiras.
- Para grandes males, grandes remédios.
- Para homem dado ao trabalho não há dia grande.
- Para ir à festa não há perna manca.
- Para mal casar, mais vale nunca maridar.
- Para quem trabalha fez Deus o descanso.
- Parece sempre à vaca velha que nunca foi bezerra.

- Passo a passo se anda espaço.
- Pecado confessado é meio perdoado.
- Peixe de Maio a quem vo-lo pedir dai-o.
- Pela boca morre o peixe.
- Pelo vício alheio corrige o alheio o seu.
- Pelos frutos se conhece a árvore.
- Perca-se tudo, menos a fama.
- Perseverança tuda alcança.
- Pobre não é quem pouco tem, mas quem cobiça o muito de alguém.
- Por bem fazer, mal haver.
- Por cima de melão, vinho de tostão.
- Por detrás da cruz está o Diabo.
- Por grandes orelhas não vai o burro à feira.
- Por mal não se leva um português, por bem levam-se dois ou três.
- Por morrer uma andorinha não acaba a Primavera.
- Por três dias de ralhar, ninguém deixa de casar.
- Por um ponto perdeu o Diabo o mundo.
- Porca com três meses, três semanas, três dias e três horas, bacorinho fora.
- Porco de um ano, cabrito de um mês e mulher dos dezoito aos vinte e três.
- Porco no S. João, meão, se meão se achar podes continuar, se mais de meão, acanha a ração.
- Pouco aprende quem muito dorme.
- Pragas com razão, ao céu vão.
- Preso por ter cão e preso por não ter.
- Presunção e água benta cada um toma a que quer.
- Qual o rei, tal a lei, qual a lei, tal a grei.
- Quando a candelária chora, o Inverno já está fora; quando a candelária rir, o Inverno está para vir.
- Quando a esmola é grande, o pobre desconfia.
- Quando Deus dá a farinha, o Diabo fecha o saco.
- Quando morre o boi e a vaca, fica o demo em casa.
- Quanto mais alto se sobe, maior queda se dá.
- Quanto vale o carro e o carril? Tanto quanto a chuva entre Março e Abril.
- Queijo com pão faz o homem são.
- Quem a fama tem perdida, morto anda nesta vida.
- Quem a truta come assada e cozida a perdiz, não sabe o que faz nem o que diz.
- Quem aceita não escolhe.

- Quem aceita não escolhe.
- Quem ama a mulher casada, traz a vida emprestada.
- Quem ama a preguiça desama a fortuna.
- Quem anda à chuva molha-se.
- Quem anda em demanda, com o demo anda.
- Quem ao longe vai casar ou se engana, ou vai enganar.
- Quem aos vinte não quiser e aos vinte e cinco não tiver, aos trinta venha quem vier.
- Quem bem ama, bem castiga.
- Quem bem ama, nunca esquece.
- Quem boa cama fizer, nela se deitará.
- Quem brinca com o fogo acaba sempre queimado.
- Quem canta reza duas vezes.
- Quem canta seus males espanta.
- Quem casa filha depenado fica.
- Quem casa muito prontamente, arrepende-se muito longamente.
- Quem casa quer casa.
- Quem com doidos tem de se entender muito juizo há mister.
- Quem com maus vizinhos vizinhar, com um olho há-de dormir e com o outro vigiar.
- Quem come sopas com vinho, de velho se faz menino.
- Quem conta um conto acrescenta um ponto.
- Quem corre por gosto, não cansa.
- Quem dá antes da morte terá má sorte.
- Quem dá aos pobres, empresta a Deus.
- Quem dá e torna a tirar, ao inferno vai parar.
- Quem dá o pão dá a educação.
- Quem dá o pão dá o castigo.
- Quem dá o pão dá o ensino.
- Quem dá o pão dá o pau.
- Quem dá o pão, dá a educação.
- Quem depressa resolve, depressa se arrepende.
- Quem desdenha quer comprar.
- Quem em casa da mãe não atura, na da sogra não espere ventura.
- Quem empresta a um amigo cobra a um inimigo.
- Quem encontra uma ferradura, guarde-a para sua ventura.
- Quem escuta de si ouve.
- Quem espera, desespera.
- Quem espera, sempre alcança.
- Quem faz mal, espere outro tal.

- Quem foi infiel uma vez, sê-lo-á duas ou três.
- Quem gaba a noiva? É o pai que a quer casar.
- Quem muito dorme pouco aprende.
- Quem não arrisca, não petisca.
- Quem não cansa alcança.
- Quem não chora, não mama.
- Quem não morre, não vê Deus.
- Quem não nasceu para ser galo, é capá-lo.
- Quem não quer tomar bons conselhos nem ouvir os velhos, cedo se deita a perder.
- Quem não se aventurou não perdeu nem ganhou.
- Quem não tem cão, caça com gato.
- Quem não tem carro nem bois, ou lavra antes ou depois.
- Quem não tem marido, não tem amigo.
- Quem não tem mulher, de muitos olhos há mister.
- Quem não viu Coimbra, não viu coisa linda.
- Quem não viu Lisboa, não viu coisa boa.
- Quem o alheio veste na praça o despe.
- Quem o feio ama, bonito lhe parece.
- Quem por fresta espreita seus doilos aventa.
- Quem por greta espreita seus doilos vê.
- Quem poupa a vara odeia seu filho, aquele que o ama aplica a disciplina.
- Quem promete, faz dívida.
- Quem quer casar sempre casou, se não com quem quer, é com quem calhou.
- Quem quer pescar há-de-se molhar.
- Quem quer vai e quem não quer manda.
- Quem quiser prosperar na vida, há-de ser deligente e gastar por medida.
- Quem reza a Deus, não pede ao Diabo.
- Quem sabe nunca esquece.
- Quem saiba e pense vence e convence.
- Quem se arrepende, salva-se.
- Quem se deserda antes que morra, precisa de uma cachaporra.
- Quem se engana aprende.
- Quem se ri dos conselhos da prudência da leviandade recebe a recompensa.
- Quem semeia ventos, colhe tempestades.
- Quem te avisa teu amigo é.
- Quem tem boca vai a Roma.
- Quem tem bom vizinho não tem arruido.

- Quem tem padrinhos não morre mouro.
- Quem tem saúde e liberdade é rico e não o sabe.
- Quem tem uma mãe tem tudo, quem não tem mãe não tem nada.
- Quem tudo quer, tudo perde.
- Quem uma vez furta, fiel nunca.
- Quem vai ao mar perde o lugar.
- Quem vai ao vento perde o assento.
- Quem vê caras não vê corações.
- Quem vê o seu povo, vê o mundo todo.
- Quem vem de longe, vende como quer.
- Querer é poder.
- Rei iletrado, jumento coroado.
- Rico avarento é árvore sem frutos.
- Riqueza a valer é saúde e saber.
- Risinho pronto, miolo chocho.
- Risinho pronto, miolo tonto.
- Rosa caída não volta à haste.
- Ruim é a festa que não tem oitavas.
- Sábado cobrança, Domingo lambança, Segunda fartura, Terça ainda dura, Quarta pouco farta, Quinta faminta, Sexta esperança.
- Sai a acha ao madeiro.
- Salada bem salgada, pouco vinagre, bem azeitada.
- Santos da casa não fazem milagres.
- Sardinha bem salgada, bem cozida, mal assada.
- Se a ser rico queres chegar, vai devagar.
- Se bem me quer João, suas obras o dirão.
- Se os doidos fazem a festa, os sisudos gostam dela.
- Se queres conhecer o vilão, mete-lhe a vara na mão.
- Se queres ser bem disposto bebe vinho nanja mosto.
- Sem ovos não se fazem omeletes.
- Senta-te no teu lugar, não te farão levantar.
- Serve ao nobre, ainda que pobre, que tempo virá em que te pagará.
- Só há pátria com heróis.
- Só se vêem os argueiros nos olhos dos outros.
- Sonhar que cai um dente é morte de parente.
- Tal pai tal filho.
- Tal povo, tal voz.
- Tantas vezes vai o cantaro à fonte , que lá deixa a asa.
- Tão ladrão é o que vai à horta como o que fica à porta.
- Tenha a minha mesa pão e seja meu homem um carvão.

- Terra negra dá bom pão.
- Terra que crie verdizela, não te desfaças dela.
- Teus ouvidos selarás, se quiseres viver em paz.
- Toda a súbita mudança causa turbação.
- Todos os "améns" levam a alma ao céu.
- Trabalha e cria, terás alegria.
- Trabalhar e ganhar ensinam a gastar.
- Trinta dias tem Novembro, Abril, Junho e Setembro, de vinte e oito só há um e os mais são de trinta e um.
- Tristezas não pagam dívidas.
- Tudo está no bem começar.
- Um bom conselheiro alumia como um candeeiro.
- Um burro carregado de livros é um doutor.
- Um doido fará cem.
- Um grão não enche o celeiro mas ajuda o seu companheiro.
- Um mal nunca vem só.
- Um por todos, todos por um.
- Um, dois, três, foi a conta que Deus fez.
- Uma andorinha não faz a primavera.
- Uma desgraça nunca vem só.
- Uma invernia de Janeiro e uma seca em Abril deixam o lavrador a pedir.
- Uma passada má qualquer a dá.
- Uvas, figo e melão é sustento de nutrição.
- Vale mais prevenir que remediar.
- Vem a ventura a quem a procura.
- Ver para crer.
- Ver, prever, poder é viver.
- Vista faz fé.
- Viúva é barco sem leme.
- Voz do povo é voz de Deus.
- Vozes de burro não chegam ao céu.

INQUÉRITO

Inquérito

UNIVERSIDADE DE TRÁS-OS-MONTES E ALTO DOURO

Inquérito aos alunos sobre a frequência de uso / conhecimento de provérbios no seu ambiente familiar

Normalmente as pessoas mais velhas dão-nos lições de vida, conselhos e indicações úteis, conversando connosco, ou simplesmente através de um provérbio. É verdade, os provérbios contêm ensinamentos importantes. Geralmente são frases curtas e poéticas, por isso os registamos na nossa memória com alguma facilidade.

Como já deves saber os provérbios fazem parte da nossa cultura. A cultura e a sabedoria popular são o resultado de muitas observações e experiências de muitas gerações. Mas sabias que há determinados provérbios que foram muito utilizados pelos nossos antepassados e praticamente já ninguém os utiliza?

O desafio que te lançamos é evitar que isso aconteça com os que ainda conheces. Isto é, tentar conservar aqueles provérbios que tu ouves em casa, no teu bairro, na escola, etc.. Para começar pedimos a tua colaboração no preenchimento deste pequeno questionário.

Pedimos-te que respondas com sinceridade e reflexão. O questionário não servirá para avaliar nenhuma matéria, apenas para conhecer melhor a tua relação com os provérbios.

COMO RESPONDER AO QUESTIONÁRIO

— Lê com atenção cada pergunta.

— Antes de dar a tua resposta, considera todas as possibilidades.

E agora, por favor, passa a responder às perguntas, pondo uma cruz na casa que corresponde à tua resposta.

1 - Sexo

1.1- Masculino ☐   1.2- Feminino ☐

2 - Idade

2.1- Menos de 10 anos ☐   2.2- De 10 a 12 anos ☐

2.3- De 12 a 14 anos ☐   2.4- Mais de 14 anos ☐

3 - Ano de Escolaridade que frequentas

3.1- 5° Ano de Escolaridade ☐   3.2- 6° Ano de Escolaridade ☐

4 - Composição do agregado familiar

4.1- Pai ☐   4.2- Mãe ☐   4.3- Irmã(o)s ☐

4.4- Tio(a)s ☐   4.5- Avó(s) ☐   4.6- Outro(s) ☐

Quais? _____

5 - Idade do Pai

5.1- De 25 a 30 anos ☐   5.2- De 31 a 40 anos ☐

5.3- De 41 a 50 anos ☐   5.4- Mais de 50 anos ☐

6 - Idade da Mãe

6.1- De 25 a 30 anos ☐   6.2- De 31 a 40 anos ☐

6.3- De 41 a 50 anos ☐   6.4- Mais de 50 anos ☐

7 - Tens avôs? Se respondeste *NÃO* passa para a pergunta 11

7.1- Sim ☐   7.2- Não ☐

8 - Idade do(s) avó(s)

8.1- De 45 a 50 anos ☐   8.2- De 51 a 60 anos ☐

8.3- De 61 a 70 anos ☐   8.4- Mais de 70 anos ☐

9 - Quantas vezes falas com o(s) teu(s) avó(s) *(aproximadamente)*

9.1- Todos os dias ☐   9.2- Uma vez por semana ☐

9.3- Uma vez por mês ☐   9.4- Uma vez por ano ☐

10 - Escolaridade do(s) teu(s) avó(s)

10.1- 4ª classe incompleta ☐   10.2- 4ª classe ☐   10.3- 6° Ano ☐

10.4- 9° Ano (5° antigo) ☐   10.5- 11° Ano (7° antigo) ☐   10.6- Curso Médio / Superior ☐

11 - Escolaridade do teu Pai

11.1- 4ª classe incompleta ☐   11.2- 4ª classe ☐   11.3- 6° Ano ☐

11.4- 9° Ano (5° antigo) ☐   11.5- 11° Ano (7° antigo) ☐   11.6- 11° Ano ☐

11.7- Curso Médio / Superior ☐   Qual ? _____

12 - Escolaridade da tua Mãe

12.1- 4ª classe incompleta ☐   12.2- 4ª classe ☐   12.3- 6º Ano ☐
12.4- 9º Ano (5º antigo) ☐   12.5- 11º Ano (7º antigo) ☐   12.6- 11º Ano ☐
12.7- Curso Médio / Superior ☐   Qual ? _____

13 - Quando não estás na escola, com quem costumas conversar? *(podes pôr mais de uma cruzinha, se precisares)*

13.1- Pai ☐   13.2- Mãe ☐   13.3- Irmã(o)s ☐
13.4- Tio(a)s ☐   13.5- Avó(s) ☐   13.6- Outro(s) ☐
Quais? _____

14 - Nessas conversas costumam surgir provérbios?

14.1- Nunca ☐   14.2- Poucas vezes ☐
14.3- Algumas vezes ☐   14.4- Muitas vezes ☐

15 - Das pessoas com quem costumas conversar, quem utiliza mais provérbios?

15.1- Pai ☐   15.2- Mãe ☐   15.3- Irmã(o)s ☐
15.4- Tio(a)s ☐   15.5- Avó(s) ☐   15.6- Outro(s) ☐
Quais? _____

16 - Quando não compreendes o significado de algum provérbio, como reages?

16.1- Não dás importância e continuas a conversa. ☐
16.2- Pedes que te esclareçam para compreenderes melhor o seu significado ☐
16.3- Pedes que te esclareçam e registas o provérbio para o poderes utilizar em situações futuras ☐

17 - Indica cinco provérbios que oiças com frequência, em tua casa:

17.1- _____
17.2- _____
17.3- _____
17.4- _____
17.5- _____

18 - Escolhe um dos provérbios que registaste e inventa uma pequena história que transmita a mensagem que ele encerra. Se preferires, descreve uma situação em que uses esse provérbio.

_____
_____
_____
_____
_____
_____
_____
_____
_____
_____
_____
_____
_____
_____
_____
_____

Este questionário não foi, com certeza, difícil, mas queremos agradecer-te muito pela tua colaboração. MUITO OBRIGADO!

Jogo da glória 179

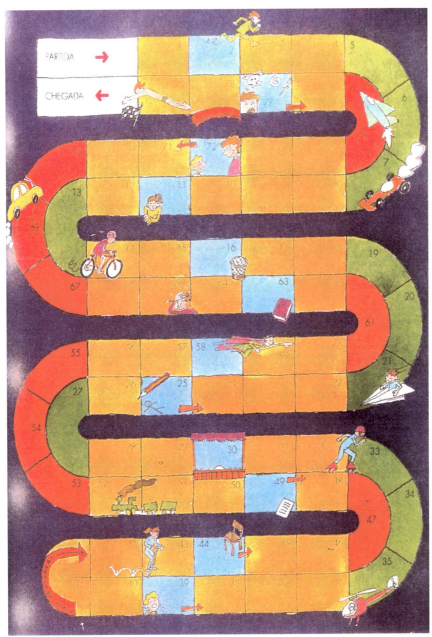

Adaptado do Livro de Língua Portuguesa de 6.º Ano
"Na Companhia das Letras"

BIBLIOGRAFIA

AAVV
  1999   *Provérbios Populares Portugueses*, Texto Editora (Col. Popular), Lisboa

ALFONSO FRANCIA
  1997   *Educar con Parábolas*, Editorial CCS (Col. Materiales para Educadores – N.º 3), 5ª ed., Madrid

ALMEIDA, M. Rosa; ALMEIDA, J. Fernando
  1998   *À Descoberta dos Provérbios*, Edições Casa do Professor, Braga

ALONSO DE LINAJE
  1977   *Refranero Popular, Financiero, Comercial*, Alisa, Salamanca

AMOR, Emília
  1997   *A Didáctica do Português: Fundamentos e Metodologia*, Texto Editora (Col. Educação Hoje), 4ª Ed, Lisboa

ANSCOMBRE, Jean-Claude
  1994   "Proverbes et formes proverbiales: valeur évidentielle et argumentative", in *Revue Langue Française*, 102, Mai 1994, pp.95-107

ARNAUD, Pierre
  1992   "La connaissance des proverbes Français par les locuteurs natifs et leur sélection didactique", in *Cahiers de Lexicologie*, 60, 1992-1, pp. 195-238

BERNAL RODRÍGUEZ, Manuel
  1982   *Cultura Popular y Humanismo: Estudio de la "Philosophia Vulgar" de Juan de Mal Lara*, Fundación Juan March, Madrid

BLANCO GARCÍA, Tomás
  1998   *Decires que Decían*, Centro de Cultura Tradicional de la Diputación Provincial (Col. Páginas de Tradición – N.º 16), Salamanca

BRAGA, Teófilo
  s/d   *"Adagiário"*, in Revista Lusitana (vários números)

BRAZÃO, José Ruivinho (Coord.)
  1999   *Os provérbios estão vivos no algarve: pesquisa paremiológica em Paderne*, Editorial Notícias (Col. Coisas Nossas), 2ª Ed., Lisboa

CALVO-SOTELO, Joaquin
  1992   *La Bolsa de los Refranes*, Grupo Libro 88, Madrid

182 Os textos tradicionais na aula de português: os provérbios

CAMPAGNE, E. M.
1873 *Diccionario Universal de Educação e Ensino*, Vol. II, Livraria Internacional de Ernesto Chardron, Porto

CARDOSO, F.
1982 *Flores para Crianças*, Livraria Portugalmundo Editora, Lisboa

CASADO CONDE, M.ª L.; ÁGUEDA ÁGUEDA, Santiago; CARRILLO de ALBORNOZ, B. Á.; PÉREZ CORRAL, J.
1998 *Proverbios Españoles Traducidos al Inglés, Francés, Alemán e Italiano con Explotación Pedagógica*, Sociedad General Española de Librería, Madrid

CALLES VALES, José
1999 *Refranes, Proverbios y Sentencias*, Editorial LIBSA, Madrid

CHAVES, Pedro
1945 *Rifoneiro Português*, Editorial Domingos Barreira (Col. Folclore e Pedagogia – N.º 3), 2ª ed., Porto

COSTA, José Ricardo Marques da
1999 *O Livro dos Provérbios Portugueses*, Editorial Presença, Lisboa

DE CARRIÓN, Sem Tob
1998 *Proverbios Morales*, Edición de Paloma Díaz-Mas y Carlos Mota, Cátedra (Col. Letras Hispánicas – N.º 448), Madrid

DIAS, J. D.
1987 *Provérbios,* Edição da autora, Póvoa de Lanhoso

DÍEZ BARRIO, Germán
1994 *Los Refranes en la Sabiduria Popular*, Castilla Ediciones (Col. Nueva Castilla – N.º 10), 4ª ed, Valladolid
1996 *Dichos Didácticos: Refranes Agrícolas de Meses y Santos*, Castilla Ediciones (Col. Temas Didácticos de Cultura Tradicional – N.º H), Valladolid

DINIZ, Maria Augusta Seabra
1994 *As Fadas Não Foram à Escola*, ASA (Col. Perspectivas Actuais / Educação N.º 14), Porto

EDUARDO VALENTÍ
1990 *Aurea Dicta: Dichos y Proverbios del Mundo Clásico*, Crítica, 2ª ed, Barcelona

E. ORBANEJA y MAJADA
1998 *El Saber del Pueblo*, CIE Inversiones Editoriales Dossat 2000, Madrid

FERREIRA, A.
1996 *1001 Provérbios, Adágios e Ditos Populares Portugueses*, Impresse 4, Amadora

FUNK, Mª Gabriela Cabral Bernardo
1993 *A função do provérbio em português e em alemão: análise contrastiva de um corpus de provérbios contextualizados*, Universidade dos Açores, Ponta Delgada

FUNK, Gabriela; FUNK, Matthias
2001 *Pérolas da Sabedoria Popular Portuguesa, Provérbios de S. Miguel;* Edições Salamandra (Col. Garajau – N.º 79), Lisboa

GARCÍA MORENO, Melchior
1995 *Catálogo Paramiológico,* Ollero & Ramos, Madrid (Reproducción Facs. de la edicción de 1918: Libreria San Bernard, Madrid)

GARCÍA-PELAYO, R.; TESTAS, J.; DURAND, M.
1993 *Locutions et proverbes Français,* Larousse, Paris

GARCÍA WIEDEMANN, Emilio J.
1994 *Concordancias y Frecuencias en el Léxico Poético de los "Proverbios y Cantares" de Antonio Machado,* Servicios de Publicaciones de la Universidad de Granada (Col. Crítica Literaria – N.º 179), Granada

GARCÍA YEBRA, V.
1988 *Hacia una aproximación conceptual de las paremias francesas y españolas,* Ed. Complutense, Madrid

GONZÁLEZ DÍAZ, José Luis
1998a *Dichos y Proverbios Populares,* Edimat Libros (Col. Cultura y Letras), Madrid
1998b *Refranero Temático,* Edimat Libros, Edimat Libros (Col. Cultura y Letras), Madrid

HERRERO LLORENTE, V. J.
1995 *Diccionario de expresiones y frases latinas,* Ed. Gredos., Madrid

IRIBARREN, José María
1996 *El Porqué de los Dichos: Sentido, Origen y Anécdota de los Dichos, Modismos y Frases Proverbiales de España con otras Muchas Curiosidades,* Departamento de Educación, Cultura, Deporte y Juventud del Gobierno de Navarra, 9ª ed., Pamplona

IGNACIO HERRERA, J.; LUISA TORCIDA, Mª.
1999 *125 Refranes Infantiles,* Susaeta, Madrid

JAIME GÓMEZ, José de; JAIME LORÉN, José María de
1992 *Catálogo de Bibliografia Paramiológica Española,* Tervel, Calamocha

JOSÉ ESTEBAN
1994 *Refranero Anticlerical,* Ediciones VOSA (Col. La Nave de los Locos – N.º 2), Madrid
1996 *Sin Comer y Beber, No Hay Placer: O Refranero de la Alimentación,* j. Noticias, Madrid

KIRKPATRICK, E. M.; SCHWARZ, C. M.
1993 *The Wordworth Dictionary of Idioms,* Wordworth Editions, Hertfordshire

LACERDA, Roberto Cortes de; LACERDA, Helena de Rosa Cortes de; ABREU, Estela dos Santos
2000 *Dicionário de Provérbios: Francês, Português e Inglês,* Contexto Editora, Lisboa

184   *Os textos tradicionais na aula de português: os provérbios*

LOPES, Ana Maria Macário
1989   "O valor semântico dos antropónimos no texto proverbial", in *Actas do IV Encontro Nacional da Associação Portuguesa de Linguística*, Fundação Calouste Gulbenkian, Lisboa
1992   *Texto proverbial português: elementos para uma análise semântica e pragmática*, Universidade de Coimbra, Coimbra

LUIS JUNCEDA
1998   *Diccionario de Refranes, Dichos y Proverbios*, Espasa, Madrid

MACHADO, J. P.
1987   *O Grande Livro dos Provérbios*, Círculo de Leitores, Lisboa

MALAUX, Maurice
1960   *Dictionnaire des Proverbes, Sentences et Maximes*, Larousse, Paris

MARIO SATZ
1997   *Truena, Mente Perfecta: La Sabiduria de los Proverbios*, Ediciones Helios / / Viena (Col. Ecos – N.° 1), Barcelona

MATTOSO, José
1987   *O Essencial sobre os Provérbios Medievais Portugueses*, Imprensa Nacional – Casa da Moeda (Col. Essencial N.° 24), Lisboa

MONTREYNAUD, Florence; PIERRON, Agnès; SUZZUNI, Françoise
1993   *Dictionnaire des Proverbes et Dictions: La Sagess du Monde Entier*, Le Robert (Col. Les Ussuels de Robert de Poche), Paris

MOREIRA, António
1997   *Provérbios Portugueses*, Editorial Notícias (Col. Coisas Nossas N.° 15), 3ª Ed., Lisboa

NOEL CLARASO
1992   *Antología de Textos, Citas, Frases, Modismos y Decires*, Acervo, 6ª ed, Barcelona

PANORMITANO, António
1527   *Libro de los dichos y hechos del Rey Don Alonso*, Juan Joffre, Valencia (Editión facsímilada por UnivEspaña, Salamanca)

PARAFITA, Alexandre
1997   *A Comunicação e a Literatura Popular: um estudo preliminar sobre literatura popular de tradição oral em Trás-os-Montes e Alto Douro*, Plátano Edições Técnicas (Col. Plátano Universitária), Lisboa

PASCUAL, Guillermo Suazo
1999   *Abecedário de Dichos y Frases Hechas*, EDAF (Col. Autoaprendizaje), Madrid

PAVÃO JR., José de Almeida
1981   *Popular e Popularizante*, Universidade dos Açores, Ponta Delgada

Bibliografia

RAMÓN MORTE, Alfredo
1992   *Clima y Tradición Oral en la Provincia de Alicante*, Instituto de Cultura Juan Gil-Albert (Col. Patrimonio – N.º 14), Alicante

REIS, José Alves
1996   *Provérbios e Ditos Populares*, Litexa Editora, Lisboa

ROCHA, António Maia da
1997   *Os Provérbios de Salomão*, Vega (Col. Religião Aberta), Lisboa

RUIZ VILLAMOR, Jesús Mª; SÁNCHEZ MIGUEL, Juan Manuel
1998   *Refranero Popular Manchego y los refranes del Quijote*, Área de Cultura de la Exc^{ma}. Diputación Provincial de la Ciudad Real (Col. Biblioteca de Autores Manchegos), Ciudad Real

SANTOS, Ana Maria Ribeiro dos; BALANCHO, Maria José S.
1993   *A Criatividade no Ensino do Português*, Texto Editora (Col. Educação Hoje), 7ª Ed, Lisboa

SANTOS, Maria Alice Moreira dos
2000   *Dicionário de provérbios, adágios, máximas, aforismos e frases feitas*, Porto Editora (Col. Dicionários Temáticos), Porto

SANTOS, Nunes dos
1989   *Desaforismos*, Edições MENABEL (Col. Retalhos – N.º 6), 8ª Ed., Porto

SBARBI, José Maria
1871   *Monografía sobre los Refranes, Adagios y Provérbios Castellanos y las Obras ó Fragmentos que expresamente tratan de ellos en nuestra Lengua*, Imprenta y Litografia de los Huérfanos, Madrid
        (Editión facsímilada por Ediciones Atlas, Madrid, 1980)

SCHEMANN, Hans; SCHEMANN-DIAS, Luíza
s/d   *Dicionário idiomático português-alemão: as expressões idiomáticas portuguesas, o seu uso no Brasil e os seus equivalentes alemães*, Livraria Cruz, São Paulo

SILVA, Augusto Santos
1994   *Tempos Cruzados: um estudo interpretativo da cultura popular*, Edições Afrontamento (Col. Biblioteca das Ciências do Homem – Sociologia Epistemologia N.º 16), Porto

SIMÕES, Guilherme Augusto
2000   *Dicionário de expressões populares portuguesas: arcaísmos, regionalismos, calão e giria, ditos, frases feitas, lugares-comuns, aportuguesamentos, estrangeirismos, curiosidades da língua*, Publicações Dom Quixote, 2ª Ed, Lisboa

SIMPSON, J.
1982   *The concise Oxford Dictionary of Proverbs*, Guild Publishing – Oxford University Press, London

SINTES PROS, J.
  1989   *Diccionario de Agudezas, Dichos y Ocurrencias*, Ediciones T. Sintes, Barcelona
  1993   *Diccionario de Maximas, Pensamientos y Sentencias*, Ediciones T. Sintes, Barcelona

SUAZO PASCUAL, Guillermo
  1999   *Abecedario de Dichos y Frases hechas*, Editorial EDAF (Col. Autoaprendizaje), Madrid

VERDELHO, Evelina
  1982   *Linguagem Regional e Linguagem Popular no Romance Regionalista Português*, Instituto Nacional de Investigação Científica – Centro de Linguística da Universidade de Lisboa, Lisboa

VILELA, Mário
  1992   *Gramática de Valências: Teoria e Aplicação*, Livraria Almedina, Coimbra
  1995   *Léxico e Gramática*, Livraria Almedina, Coimbra
  1999   *Gramática da Língua Portuguesa*, Livraria Almedina, 2ª Ed., Coimbra

VOLTOIRE
  1873   *Anciens Proverbes Basques y Gascons*, Recueillis par Voltoire et remis au jour Par M. Gustave Brunet, P. Cazals, Bayonne

WHITING, B. J.
  1989   *Modern Proverbs and Proverbial Sayings*, Harvard University Press, London

WILSON, F. P.
  1970   *The Oxford Dictionary of English Proverbs*, Clarendon Press, Oxford

ÍNDICE GERAL

Prefácio	9
Introdução	19
I – Uma tentativa de definição de provérbio	23
1. Propriedades extra-linguísticas	27
2. Propriedades estruturais e semântico-pragmáticas	32
i) Adição lexical	32
ii) Substituição sinonímica, para-sinonímica ou hiponímica	33
iii) Alteração da ordem dos constituintes da frase	33
iv) Elisão do artigo	33
v) Elisão do verbo	33
vi) Ausência de determinantes e antecedentes	33
vii) Construções sintácticas distintas	34
viii) Introdução de marcadores sintácticos de foco	34
ix) Sinonímia entre provérbios	34
x) Presença de certos traços arcaizantes a nível lexical	34
Predomínio de certos tempos verbais:	35
xi) Presente do indicativo	35
xii) Imperativo ou as suas formas substitutas	35
xiii) Pretérito perfeito	35
Presença de uma propriedade retórica e estilística:	36
xiv) Aliteração, repetição, jogo de palavras	36
xv) Rima interna	36
xvi) Assonância	36
xvii) Rima final	36
xviii) Estrutura rítmica:	36
a) Binária	36
b) Ternária	36
c) Outras	36
xix) Oposições (antonímicas) lexicais	37
xx) O texto proverdial	37
xx) Utilização de palavras do mesmo campo semântico	37
Ocorrência frequente de:	37
xxi) Metáforas e símiles	37
xxii) Comparações servindo-se de "topoi" (prototípicos)	37
Estrutura formal:	37
xxiii) Frases simples	37
xxiv) Frases compostas	37

188   *Os textos tradicionais na aula de português: os provérbios*

xxv) Citação de um autor suposto (Vox Populi) 37
xxvi) Interrogação retórica 37
Utilização de: 40
xxvii) Antropónimos 40
xxviii) Deícticos 40
II – **Os provérbios na imprensa local** 45
   1. O provérbio como título 57
   2. O provérbio no interior dos artigos 58
   3. O provérbio como conclusão 59
III – **Uma leitura antropológica dos provérbios** 63
   1. O homem e o meio ambiente 64
   2. O homem em sociedade 66
   3. O homem em família 70
   4. O homem e o sobrenatural 74
IV – **Os provérbios no contexto familiar actual** 77
V – **Os provérbios no programa e manuais de 2.° Ciclo** 89
VI – **Os provérbios nas aulas de Língua Portuguesa** 107
i) Recolher e registar provérbios 112
ii) Organizar a recolha de provérbios 113
iii) Descobrir provérbios figurados 113
iv) Reconstruir provérbios 114
v) Completar provérbios 114
vi) Corrigir provérbios 114
vii) Organizar provérbios baralhados 115
viii) Descobrir provérbios dissimulados em definições 115
ix) Dissimular provérbios através de definições 115
x) Seleccionar o provérbio mais adequado 116
xi) Explicar o significado de provérbios utilizados em textos 116
xii) Relacionar provérbios com contos tradicionais / fazer intertextualidade entre
    provérbios 117
xiii) Descobrir provérbios para legendar imagens 118
xiv) Aplicar provérbios a situações de quotidiano 119
xv) Imaginar situações que deram origem a provérbios 119
xvi) Produzir contos ou textos a que se possam aplicar provérbios 120
xvii) Identificar recursos expressivos em provérbios 120
xviii) Os provérbios ao serviço do Funcionamento da Língua 121
Passatempos / concurso de provérbios 122
   i) Palavras cruzadas 123
   ii) Sopa de provérbios 123
   iii) Provérbios escondidos 125
   iv) Provérbios em labirinto 125
   v) Jogo da Glória 126
   vi) Concurso de provérbios 128
VII – **Os provérbios nas obras de literatura infantil** 131
   1. Conceito e funções da literatura infantil 131

2. A literatura infantil e a criança	133
3. A literatura infantil nas aulas de Português de 2.º Ciclo	134
4. A vitalidade dos provérbios nas obras de literatura infantil	136
4.1. Estrutura da obra *A Fada Oriana*	137
4.2. *Resumo da acção*	137
4.3. *O espaço*	139
4.4. *O tempo*	140
4.5. *As personagens*	140
5. Técnicas de exploração	143
Conclusão	151
Anexos	155
Corpus de Provérbios	157
Inquérito	175
Jogo da Glória	179
Bibliografia	181